和
WASHOKU
食

Testi
Hirohiko Shoda, Letizia Castroni

Foto
Alberto Blasetti
(dove non diversamente indicato)

Progetto grafico, impaginazione e redazione
Pier Paolo Puxeddu+Francesca Vitale

Referenze fotografiche
Shutterstock: © 809xia p. 208; © Vassamon Anansukkasem p. 46; © anko70 p. 8; © Benoist p. 192; © blew_s p. 271; © Kajohnwit Boonsom p. 300; © bonchan p. 134 basso; © decoplus p. 200; © Dpongvit p. 110-111; © gjee p. 78; © javarman p. 122-123; © jazz3311 pp. 11, 240; © Jinning Li p. 137; © K321 p. 79; © kariphoto p. 268-269; © Kenishirotie p. 301; © neil langan p. 136; © Mach Photos p. 293; © Nattakorn_Maneerat p. 152-153; © marinatakano p. 186-187; © Wako Megumi p. 41; © mimi-Tokyo p. 298-299; © Mthanaphum p. 76-77; © Nishihama pp. 162, 193, 245; © NJ photograph p. 113; © norikko pp. 98-99, 101; © Alexsander Ovsyannikov p. 23; © Sean Pavone pp. 160-161, 288; © PixHound p. 175 basso; © sasaken p. 270; © Shawn.ccf p. 13; © martinho Smart p. 292; © Torychemistry p. 263; © yasuhiro amano p. 135; © yukihipo p. 290-291.

www.piattoforte.it
www.giunti.it

© 2019 Giunti Editore S.p.A.
Via Bolognese 165 - 50139 Firenze - Italia
Via G.B. Pirelli 30 - 20124 Milano - Italia
Prima edizione: ottobre 2019
Quarta ristampa: luglio 2020

Stampato presso Lito Terrazzi srl – Stabilimento di Iolo

HIROHIKO SHODA

和
WASHOKU
食

L'ARTE DELLA CUCINA GIAPPONESE

TECNICHE E STRUMENTI

Sommario

Avvertenze   6

Introduzione alla cucina giapponese   9

Gli ingredienti principali   14

I coltelli   22
Tipologie di coltelli   26
Tecniche di affilamento   28
Tecniche di taglio delle verdure   30
Tecniche di preparazione del pesce   33

**WASHOKU
L'ARTE DELLA CUCINA GIAPPONESE**

SUSHI   38
Strumenti per sushi   42
Preparazione del riso
  e condimenti per sushi   45
Accompagnamenti per sushi
  e sashimi   46

SASHIMI (CRUDO)   76

DASHI (BRODO)   98

MUSHIMONO (VAPORE)   110

NABEMONO (LESSO)   122

YASAI TO TOFU (VERDURE E TOFU)   132

TAMAGO (UOVA)   152

HASSUN   158

KOME (RISO GIAPPONESE)   160
Processo di cottura del riso   162
Meshi o gohan   163
Donburi   174

MEN (PASTA GIAPPONESE)   186
Processo di lavorazione della pasta
  e strumenti   188
Kaeshi   191
Soba   192
Udon   200

RAMEN   206

AGEMONO (FRITTO)   222

YAKIMONO (GRIGLIATO)   240
Agrumi giapponesi   244

WAGYU (MANZO GIAPPONESE)   260

NIMONO (STUFATO)   268

BENTO   286

STREET FOOD   290

WAGASHI (DOLCI GIAPPONESI)   298

Glossario   307
Indice delle ricette   314
Lo chef   316

Avvertenze

Per la trascrizione dei termini giapponesi, si adotta il Sistema Internazionale Hepburn, sistema di traslitterazione dei suoni della lingua giapponese in caratteri latini (*romaji* per i giapponesi), elaborato dal medico missionario americano James Curtis Hepburn (1815-1911), trasferito in Giappone a partire dal 1859. Egli trascrisse i suoni uditi secondo la comprensione occidentale, pronunciando le consonanti in lingua inglese e le vocali in latino (identiche a quelle della lingua italiana).

Si noti che:

CH è un'affricata, dolce, si pronuncia come la C di cielo in italiano.

F è una bilabiale, si pronuncia quasi come H, soffiando tra le labbra.

G è sempre velare, dura come in gatto.

H è sempre aspirata, come in inglese, non muta come in italiano.

J è un'affricata, si pronuncia come la G di gioco.

K è dura, come in cocco.

S è sorda, come in sasso.

SH è una fricativa, dolce, si pronuncia come SC di scimmia.

TS è dura, si pronuncia come Z di mazzo.

Y è consonantica, si pronuncia come la I di ieri.

W è consonantica, si pronuncia come una U molto breve e rapida.

Z è dolce, si pronuncia come la S di rosa. Se è iniziale oppure situata dopo la n, si pronuncia come Z di zona.

Tutte le altre lettere si pronunciano come in lingua italiana.

La lettera N è l'unica consonante con cui può terminare un termine giapponese. Quando è seguita da M, H, P, B, viene pronunciata M per eufonia. Nella trascrizione si può conservare la lettera N, oppure, direttamente M.

Sulle vocali U, O e più raramente sulla A si può trovare talvolta un breve tratto orizzontale (¯), detto *macron*, che indica la pronuncia lunga della vocale stessa. La differenza di suono lungo o breve di una stessa vocale determina la pronuncia del vocabolo e il suo relativo significato, distinguendolo da parole simili.

■ ■ ■

Per facilitare la lettura, nei testi e nelle ricette alcuni termini giapponesi sono stati volutamente suddivisi o sillabati (es. nigiri zushi anziché nigirizushi; kaki age anziché kakiage) e privati dei trattini di separazione e del *macron*.

Per il significato dei termini si rimanda al Glossario in fondo al volume.

Per semplificare l'esecuzione delle ricette, tutte le dosi sono state calcolate per due persone.

INTRODUZIONE ALLA CUCINA GIAPPONESE

Con il termine *washoku* si indicano il cibo e la cultura dell'alimentazione giapponesi, compresi gli aspetti sociali e spirituali che riguardano l'arte del servire, la concezione del rispetto, della convivialità, dell'accoglienza e le regole legate all'etichetta e allo stile di vita.

Oltre all'infinita varietà degli ingredienti freschi, delle tecniche di cucina e dei metodi di cottura, il termine ampio di *washoku* comprende anche tutti i fattori connessi all'organizzazione, alla cura della presentazione e al rispetto del cibo. Espressioni come *itadakimasu* (termine molto educato con il significato di "ricevere", ovvero l'apprezzamento nell'accettare qualcosa da qualcuno e il senso di gratitudine verso il cibo, le persone e la natura), *mottainai* (esclamazione che esprime il rammarico per lo spreco del cibo) e *gochisosama* (espressione di cortesia e di riconoscenza al termine del pasto) fanno parte della cerimonialità legata al cibo e riflettono lo spirito del popolo giapponese.

Nel concetto ampio di *washoku* si includono anche le tecniche di lavorazione tradizionali giapponesi di conservazione e valorizzazione dei prodotti e le attività di protezione e promozione delle materie prime provenienti dalle diverse regioni del Giappone.

La cultura del *washoku*, infine, svolge un ruolo importante di rafforzamento e coesione sociale del popolo giapponese, fornendo un senso di identità e di appartenenza.

Per tutti questi motivi, il 4 dicembre 2013, l'organismo mondiale dell'UNESCO ha ufficialmente inserito la cucina tradizionale giapponese *washoku* nella lista dei patrimoni culturali immateriali dell'umanità.

La formula di base del *washoku* si definisce *ichiju sansai*, dove *ichi* significa "uno", *ju* significa "zuppa", *san* significa "tre" e *sai* si riferisce ai piatti, quindi letteralmente "una zuppa, tre piatti". Il pasto è infatti composto da riso, una zuppa, un contorno principale, due secondari e delle verdure sottosale. A volte si può iniziare il pasto con uno stuzzichino di benvenuto stagionale, detto *torizakana*, da gustare in un boccone come simbolo beneaugurale.

Nella quotidianità solitamente questi piatti vengono serviti tutti contemporaneamente, in un unico vassoio.

Si parte con la crudità, massima espressione del *kasshu hoju*, letteralmente *ka(tsu)* = tagliare, *shu* = principale, *ho* = cottura, *ju* = seguire, ovvero la filosofia che attribuisce all'atto del taglio un'importanza prevalente rispetto all'atto del cuocere. Si prosegue con i piatti cucinati secondo i diversi metodi di cottura: cibo grigliato, a vapore, lessato, fritto, stufato.

Elemento di base principale per quasi tutte le preparazioni è il dashi, brodo composto da ingredienti e condimenti specifici, senza i quali non si può parlare di cucina giapponese.

Tutti gli ingredienti e le stoviglie sono in perfetta armonia con la stagione corrente, nel gusto, nel colore e nelle forme. Per la stagione primaverile si usano solitamente ceramiche sottili e poco profonde e spesso i cibi vengono intagliati e incisi a ricordare, ad esempio, i petali del fiore di ciliegio (*sakura*). In estate, la stagione delle piogge, si utilizza spesso il vetro e le verdure verdi possono assumere talvolta forma di tuono o di serpente. In autunno si utilizzano ceramiche più spesse e profonde e le verdure vengono spesso tagliate a forma di foglia di acero (*momiji*). In inverno di solito i cibi si servono in ciotole con coperchio e, in occasione del nuovo anno, si associano spesso i colori augurali rosso e bianco.

Si usano inoltre scodelle laccate e dipinte da cui si può bere direttamente. Tutto il pasto può essere accompagnato da bevande alcoliche come sake, shochu e awamori, oppure analcoliche come tè verde, sencha, gyokuro, genmaicha, bancha e hojicha.

Le origini della *ichiju sansai* risalgono al periodo Heian (794-1185), quando l'aristocrazia usava consumare cibo in banchetti sontuosi chiamati *daikyo ryori* (*daikyo* significa "banchetto", *ryori* significa "cucina"). Successivamente, nel periodo medioevale Muromachi (1336-1573), la classe guerriera dei samurai

Ichiju sansai.

introdusse la *honzen ryori* (*honzen* significa cerimoniale), in cui il cibo veniva servito su diversi vassoi provvisti di piedini. Le pietanze erano numerose e si susseguivano secondo un rituale prestabilito, il pasto poteva durare anche un'intera giornata. Questo tipo di banchetto era in netto contrasto con lo *shojin ryori* (*shojin* significa "pratica dello spirito", "catarsi"), lo stile di vita e di alimentazione dei monaci buddhisti, basato, fin dal periodo Kamakura (1185-1333), sul divieto fondamentale di "prendere la vita", quindi di uccidere qualsiasi essere vivente. In questo periodo si sviluppa una cucina a base di verdure, riso, fagioli di soia e derivati, del tutto priva di carne; vengono onorati altresì tutti i rituali a essa correlati, dalla cerimonia del tè, allo sviluppo delle tecniche di lavorazione del riso e della salsa di soia.

Va ricordato il monaco Sen no Rikyu (1522-1591), il primo ad applicare alla cerimonia del tè (*cha no yu*) la filosofia della *wabi cha*, un insieme di regole fondate sulla semplicità e sulla sobrietà, in perfetta armonia con l'insegnamento zen e in contrapposizione al fasto della cucina *honzen*. Tra le regole, introdusse anche quella di far precedere al tè un piccolo pasto, con lo scopo di valorizzare al massimo il gusto e i benefici della bevanda.

Nel periodo Azuchi Momoyama (1573-1603) viene perfezionata la cucina di accompagnamento alla cerimonia del tè, chiamata *chakaiseki ryori* (*chakaiseki* significa "pasto prima della cerimonia del tè"), che può considerarsi l'espressione più elevata del principio giapponese dell'*omotenashi*, l'ospitalità e l'accoglienza disinteressata e autentica riservata agli ospiti.
Nel periodo Edo (1603-1867) nasce la *kaiseki ryori* (per *kaiseki* si intende pasto con molte portate), che può considerarsi un'evoluzione sia della cucina *honzen* dell'epoca dei samurai, per la moltitudine delle portate, sia della cucina *chakaiseki*, per la concezione del pasto nel pieno rispetto della stagionalità e dell'ospitalità. La cucina *kaiseki* prevede numerose portate servite nell'ordine con cui sono cucinate, l'una dietro l'altra (a differenza della *ichiju sansai* in cui tutti piatti vengono serviti insieme), da degustare in accompagnamento al sake. Anche l'ordine delle portate della *kaiseki ryori* è diverso rispetto al passato: zuppa e riso si portano alla fine, al contrario della *ichiju sansai* e della *chakaiseki* in cui si servono a inizio pasto.
La cucina *kaiseki*, applicando la filosofia *wabi cha* dell'equilibrio e dell'armonia, rispecchia fortemente la visione giapponese del mondo e ne rappresenta l'estetica e l'essenza, la ricerca della perfezione nell'imperfezione.
Tale cucina ha fondato le basi della cucina giapponese moderna e ha avuto un enorme sviluppo nell'ambito della ristorazione. Esistono prestigiosi ristoranti specializzati o locande tradizionali (*ryokan*) che propongono questo tipo di cucina che, a oggi, può essere considerata a tutti gli effetti l'espressione più raffinata, accurata e significativa della gastronomia giapponese.

Il *washoku* fa parte della vita quotidiana dei giapponesi, ma è legato anche a festività, cerimonie e ricorrenze annuali e in queste occasioni la scelta degli ingredienti corrisponde a una precisa simbologia beneaugurale e propiziatoria. Si definisce *osechi ryori* la cucina tradizionale proposta in occasione del Capodanno (Oshogatsu). Si definisce *yusoku ryori* la cucina preparata in occasione di cerimonie e banchetti.

In quest'ambito occorre sottolineare anche la grande attenzione del popolo giapponese per l'artigianalità che spesso produce vere e proprie opere d'arte. La maestria manuale giapponese è un valore da proteggere ed è alla base, oltre che della cucina stessa, di numerosi mestieri tradizionali tra i quali possiamo ricordare le lavorazioni dei maestri della ceramica, del legno, del vetro, delle lacche, della carta, dei tessuti, tutti manufatti che da secoli subiscono un costante e minuzioso perfezionamento, senza dimenticare mai le tradizioni tramandate dal passato.

Periodi storici del Giappone

PREISTORICO

Periodo Kyusekki	(circa 15.000 a.C.)
Periodo Shinsekki	(circa 15.000 - 12.000 a.C.)
Periodo Jomon	(circa 12.000 - 400 a.C.)
Periodo Yayoi	(circa 400 - 350 a.C.)
Periodo Kofun (o Yamato)	(circa 350 a.C. - 592 d.C.)

CLASSICO O ANTICO

Periodo Asuka	(592 - 710)
Periodo Nara	(710 - 794)
Periodo Heian	(794 - 1185)

MEDIOEVO

Periodo Kamakura	(1185 - 1333)
Periodo Muromachi	(1333 - 1573)

PRE MODERNO

Periodo Azuchi Momoyama	(1573 - 1603)
Periodo Edo	(1603 - 1868)

MODERNO

Periodo Meiji	(1868 - 1912)
Periodo Taisho	(1912 - 1926)
Periodo Showa	(1926 - 1989)
Periodo Heisei	(1989 - 30 Aprile 2019)
Periodo Reiwa	(1° Maggio 2019 - oggi)

Reiwa, l'attuale era del Giappone, periodo detto "della bella armonia".

GLI INGREDIENTI PRINCIPALI

Il Giappone è circondato dall'oceano da nord a sud. È un arcipelago che si sviluppa in lunghezza percorrendo una vasta area caratterizzata da una situazione climatica molto varia e da un ciclo di quattro stagioni ben distinte. Le sorgenti d'acqua sono numerose e le precipitazioni abbondanti. Il territorio si estende tra zone di montagna e foresta, fino a regioni con clima subtropicale. Tale morfologia incide anche sulla biodiversità alimentare: verdure, frutta, pesce, frutti di mare e alghe sono alimenti alla base della cultura gastronomica giapponese e consumati in grande quantità.

Per un lungo periodo, fino alla restaurazione Meji (1868-1912), il consumo di carne era vietato per motivi religiosi legati al buddhismo, pertanto gli allevamenti di bestiame e le relative produzioni casearie non ebbero in passato grande rilievo. Anche l'uso di olio e di spezie non si diffuse per molto tempo.

Alla base della cucina giapponese, oltre al dashi, un brodo composto da *katsuobushi* e alga *kombu*, impiegato in quasi tutte le preparazioni e cotture, si possono individuare altri cinque condimenti principali che non possono mai mancare, sintetizzati verbalmente con un unico termine che ne richiama l'ordine corretto di utilizzo, "*sa-shi-su-se-so*":

sa (*sato*) = zucchero

shi (*shio*) = sale

su (*komezu*) = aceto di riso

se (*shoyu*, dall'antica pronuncia *seuyu*) = salsa di soia

so = miso

Questi condimenti possono essere impiegati singolarmente o tutti insieme. In questo secondo caso occorre seguire un ordine preciso di utilizzo, in base alla loro resistenza al calore e in base al loro sapore: dal più morbido (zucchero) al più intenso (miso). Se non si segue questo ordine, i sapori più delicati non

possono penetrare nel cibo e il sapore finale non raggiungerà
la perfetta intensità.

In ordine di elenco, la salsa di soia e il miso sono i più soggetti
a essere modificati dalle alte temperature, quindi occorre ag-
giungerli alla fine; talvolta il miso può essere addirittura inserito a fuoco spento.

Lo zucchero invece è l'elemento che più difficilmente penetra
negli elementi, quindi è importante aggiungerlo all'inizio.

Per conferire il tono dolce, nella cucina giapponese si usano
altresì il sake e il mirin, che vanno inseriti sempre a inizio cottura non solo per infondere il gusto dolce, ma anche per far
evaporare l'alcool che contengono.

Ingredienti caratterizzanti | Nella foto sono illustrati alcuni tra gli ingredien-
ti principali della cucina giapponese: 1. mirin; 2 tamari; 3. komezu; 4. sake; 5.
usukuchi; 6. koikuchi; 7 e 9. katsuobushi; 8. umeboshi; 10. sansho; 11. shichimi
togarashi; 12. miso bianco, rosso e giallo. Le alghe (kombu, wakame, nori, aonori), i funghi shiitake, lo shiso e il goma sono illustrati alle pagine 18-20.

L'intento della cucina giapponese è quello di valorizzare i sapori naturali, non di modificarli, pertanto anche il corretto metodo di applicazione dei vari condimenti contribuisce a esaltare al massimo il sapore del piatto.

Gli ingredienti

Questi sono i principali ingredienti della cucina giapponese, che caratterizzano e ricorrono in molte preparazioni.

Shoyu

Shoyu.

Salsa di soia. Tradizionale condimento ottenuto dal processo di fermentazione di un composto a base di fagioli di soia, grano e *koji*, a cui si aggiunge acqua e sale. Il *koji* (*Aspergillus oryzae*), è un microorganismo della categoria dei funghi o muffe, allevato su vari tipi di cereali, tra cui la soia, il riso e l'orzo, i cui enzimi trasformano l'amido e le proteine in zuccheri e aminoacidi, processo alla base della fermentazione di vari prodotti come shoyu, miso e sake.

Lo shoyu si produce in cinque tipologie principali:

■ *Koikuchi*, salsa di soia scura. Ha avuto origine nella regione Nord-est del Giappone e si è sviluppata come condimento nel periodo Edo. Ha un profumo caratteristico e un colore scuro. Il rapporto tra soia e grano è circa 1:1.

■ *Usukuchi*, salsa di soia chiara. È molto usata nel distretto di Kinki, nelle regioni Centro-sud del Giappone. È caratterizzata da un colore trasparente che valorizza al massimo l'aspetto e il sapore dell'ingrediente a cui viene abbinata. Rispetto alla salsa di soia *koikuchi*, il grano viene tostato di meno e viene aggiunto il sake. È ridotta la quantità di *koji* ed è maggiore la quantità di sale.

■ *Tamari*, salsa di soia antica. Prodotta con metodi classici e tradizionali, è ricca di gusto, sapore e colore. I fagioli di soia sono l'ingrediente principale, il grano non si usa affatto o in minima quantità.

■ *Saijikomi* o *saishikomi*, salsa di soia intensa, adatta per sashimi. È una salsa di soia ricca di sapore e colore. Si ottiene con una doppia fermentazione, aggiungendo ulteriore salsa di soia invece dell'acqua salata. Questa salsa è particolarmente pregiata e prodotta in quantità ridotte.

■ *Shiro*, salsa di soia bianca. Ha un colore ambrato chiaro. Il gusto è caratterizzato da una forte dolcezza. Principalmente prodotta col grano, i fagioli di soia non si usano affatto o in minima quantità.

Sono presenti anche salse di soia a basso contenuto salino:
■ *Genenshoyu*, in cui la proporzione di salinità è ridotta di circa il 50% rispetto alle altre salse classiche.
■ *Usushioshoyu*, in cui la proporzione di salinità è ridotta di circa il 20% rispetto alle altre salse classiche.

Sake.

Sake

Vino di riso. Bevanda alcolica tradizionale giapponese ottenuta dal processo di fermentazione (non di distillazione) di un composto a base di riso, acqua e *koji*. Il contenuto alcolico varia tra i 15° e i 16°.

Mirin

Vino di riso dolce ottenuto dal processo di fermentazione di un composto a base di *mochigome*, *koji* e alcool, principalmente *shochu* (distillato giapponese derivato da orzo, patate dolci o riso), poi lasciato fermentare per circa 60 giorni a temperatura ambiente. È un liquido ambrato e dolce, contenente circa il 40-50% di zucchero e circa il 14% di alcool. Contribuisce a conferire lucentezza ai cibi.

Mirin.

Miso

Condimento ottenuto dal processo di fermentazione di un composto a base di fagioli di soia e *koji*, a cui si aggiunge il sale. Nel processo tradizionale si trasferisce il composto in grandi contenitori di legno, lo si pressa con delle pietre apposite e lo si lascia fermentare a lungo in acqua salata, fino a uno o due anni. Il processo industriale, invece, riduce a ore la durata di fermentazione, prevede una pastorizzazione ed eventuali aggiunte di additivi per la stabilizzazione del composto. Esistono tre principali tipologie di miso:
■ *Mame miso*, deriva principalmente dalla fermentazione dei fagioli di soia con *koji* e sale.
■ *Kome miso*, in cui si aggiunge il riso alla fase di fermentazione.
■ *Mugi miso*, in cui si aggiunge l'orzo alla fase di fermentazione.

Miso.

Katsuobushi.

Shiitake.

In base alla durata e alla temperatura presenti in fase di fermentazione, o alla regione di produzione, il miso può assumere diversi gradi di intensità del gusto e diverse colorazioni: bianco (*shiro miso*), dal gusto dolce e delicato; giallo (miso classico), dal gusto dolce e intenso; infine rosso (*aka miso*), dal sapore forte e deciso.

Katsuobushi

Alimento conservato a base di filetto di tonnetto striato (*Katsuwonus pelamis*). I filetti di pesce vengono bolliti, affumicati e lasciati essiccare. La consistenza risulta molto tenace, di colore molto scuro all'esterno e più roseo all'interno. Se ne ottengono fiocchi di varie dimensioni, simili a trucioli, grazie a un apposito strumento chiamato *katsuobushi kezuriki*, una sorta di scatola di legno composta da un coperchio contenente una lama, simile a una mandolina, e da un cassetto di legno per conservare i fiocchi ottenuti.

Shiitake

Specie di fungo giapponese, dal cappello tondo color marrone scuro, striato di venature più chiare. È coltivato in ambiente controllato su tronchi di latifoglie e largamente consumato sia fresco sia essiccato. Caratteristico il suo sapore ricco di umami.

Shiso

Erba aromatica giapponese dalla caratteristica foglia dentellata e appuntita, che si distingue per l'acidità e il profumo aromatico, leggermente agrumato, che ricorda l'anice stellato e la melissa. In cucina vengono usati spesso i germogli; i boccioli (*hojiso*) sono molto utilizzati come finitura per il sashimi, i semi per la produzione di olio, le foglie fresche si consumano sia crude sia cotte. Viene classificato in shiso rosso o verde in base al colore della foglia.

Shiso verde e rosso.

Umeboshi

Comunemente chiamate prugne giapponesi (*ume*), sono il frutto del *Prunus mume*. Vengono raccolte in fase di maturazione nel mese di giugno e lasciate marinare sottosale alcuni giorni. Vengono poi sottoposte a un processo di essiccazione naturale e successiva macerazione sottosale insieme alle foglie di shiso rosso, assumendone il caratteristico colore rosso intenso e il tipico sapore acidulo, salmastro.

Komezu

Aceto di riso ottenuto tradizionalmente dalla fermentazione del riso prodotta dai sedimenti della produzione del sake. Ha un'acidità tenue e un colore molto chiaro, quasi trasparente.

Umeboshi.

Goma

Semi di sesamo. Principalmente usati per la produzione di olio, vengono utilizzati anche in cucina, tostati, pestati oppure ridotti a crema come condimento. Si classificano in base al colore:
- *Shirogoma*, semi dal colore bianco, dal sapore delicato.
- *Kigoma*, semi dal colore giallo, molto profumati e dal sapore intenso.
- *Kurogoma*, semi dal colore nero, dal profumo intenso.

Komezu.

Kaiso (alghe giapponesi)

- *Kombu*, cresce principalmente in Hokkaido, la regione settentrionale del Giappone, e può raggiungere dimensioni notevoli, formando vere e proprie foreste di mare. Dopo la raccolta, le alghe kombu sono sottoposte a un processo di essiccazione naturale all'aperto e poi di stagionatura controllata che varia da uno a dieci anni. Ricche di fibre, contengono gli elementi che determinano l'umami, uno dei sapori caratteristici della cucina giapponese.

Kaiso (alghe giapponesi).

Goma.

■ *Wakame,* alga bruna dalle proprietà ricostituenti e stimolanti. È tra le alghe commestibili più consumate in Giappone. Si può utilizzare fresca, da aggiungere a zuppe o brodi, oppure secca. Inserita spesso anche in pasti legati a ricorrenze, come simbolo beneaugurale.

■ *Nori,* alghe simili a un muschio di mare. Dopo la raccolta, vengono sottoposte a un processo di lavorazione da cui si ricava un composto denso da stendere in appositi telai predisposti per l'essiccazione, da cui si ricavano fogli sottili ampiamente utilizzati in cucina. Vengono consumate anche fresche da stufare, candire o aggiungere a diverse preparazioni.

■ *Aonori,* alghe simili a un muschio di mare. Dopo la raccolta, vengono sottoposte a un processo di essiccazione e poi ridotte in polvere. Esistono tre principali tipologie di alga aonori:
- *aonori,* molto pregiata, dal profumo intenso e dalla particolare scioglievolezza al gusto;
- *hitoegusa* o *aosanori,* utilizzata principalmente per essere stufata e candita (*tsukudani*) in salsa di soia e mirin;
- *anaaosa* o *aosa,* prodotto più economico, dal profumo e gusto meno intensi, si utilizza spesso per piatti veloci e street food.

Koshinryo (spezie giapponesi)

■ *Ichimi togarashi*, peperoncino rosso in polvere, introdotto in Giappone dai portoghesi nel 1542. Da qui trae origine la cultura del cibo piccante largamente diffusa in Asia, soprattutto in Corea. La più grande produzione di peperoncino rosso in Giappone è a Tokyo.

■ *Sansho*, comunemente chiamato pepe giapponese per la somiglianza con la bacca di pepe nero, sebbene in realtà non ci sia alcun legame tra le due spezie. Il sansho si ottiene dalla buccia della bacca matura di *Zanthoxylum piperitum*, ha un gusto piccante, leggermente agrumato e rinfrescante. In Giappone si utilizzano anche le foglie (*kinome*), i fiori (*hanazansho*) e la bacca acerba (*aozansho*).

■ *Shichimi togarashi*, è una miscela di sette spezie miste, selezionate in base alla regione di provenienza. Gli ingredienti principali sono *ichimi togarashi*, *shiso*, *sansho*, pepe nero, pepe bianco, buccia di mandarino, alga aonori, zenzero, semi di papavero. La più grande produzione di sette spezie è a Tokyo e a Kyoto.

Koshinryo (spezie giapponesi).
Qui sopra e in basso,
da sinistra, ichimi togarashi,
sansho e shichimi togarashi.

I COLTELLI

I coltelli da cucina che si usano in Giappone hanno una storia antica. Fondano le loro origini nel profondo medioevo giapponese, epoca in cui i numerosi scontri fra i signori intensificarono la produzione e la tecnica di forgiare spade affilate come rasoi, le famose katane, destinate ai celebri guerrieri samurai. Durante il periodo del rinnovamento Meiji (1868-1912), nel tentativo di dare inizio a un periodo di pace e modernizzazione, venne proibito ai samurai di portare con sé le spade e il calo di richieste spinse gli artigiani a concentrare la propria attività sulla produzione di coltelli per tagliare il tabacco, coltivazione introdotta dai portoghesi, che all'epoca rappresentava un commercio nuovo e fiorente. Da allora cominciò a diffondersi e svilupparsi il mercato del coltello da cucina.

La produzione dei coltelli giapponesi, grazie alla lunga storia e tradizione, è considerata una vera e propria arte, ricopre un ruolo fondamentale a livello nazionale ed è anche riconosciuta e apprezzata a livello internazionale.
Per la realizzazione dei coltelli giapponesi si impiegano tuttora antiche tecniche di forgiatura della lama utilizzate per le katane tradizionali, così da ottenere massima efficacia, affilatura e tenuta nel tempo.

Tradizionalmente le katane venivano prodotte con acciaio al carbonio chiamato *tamahagane*. Questo acciaio si otteneva mischiando carbonio e polvere di ferro in una fornace chiamata *tatara*. Il procedimento tradizionale per ottenere il *tamahagane* risulta molto complesso e costoso, per questo le katane sono da considerarsi oggetti di alto valore storico e artistico, spesso da esposizione o da collezione.
La forgiatura tradizionale delle lame veniva prodotta mediante un processo a più fasi definito "a pacchetto". Il pacchetto

Nella pagina a fronte, katane tradizionali.

era formato da due strati di acciaio lavorato preventivamente in due modi diversi così da avere diversa struttura. Piegatura e battitura si ripetevano infinite volte ottenendo innumerevoli stratificazioni, fino a che i due acciai si univano generando un nucleo più duro ad alto contenuto di carbonio all'interno, ricoperto da uno spesso strato di acciaio più duttile e flessibile all'esterno, cosicché l'acciaio duro venisse esposto soltanto sul filo tagliente.

I coltelli prodotti da maestri artigiani secondo l'antica tecnica di forgiatura delle katane (*honyaki*) e prodotti in acciaio 100% si chiamano *yasuki hagane* e sono i più pregiati e ricercati dagli chef giapponesi. Oggi si producono coltelli di alta gamma con acciaio di prima scelta più reperibile (*shirogami* e *aogami*), oppure di acciaio inossidabile (*gingami*).

Una volta realizzata la lama, il processo di pulitura e lucidatura della stessa, mediante particolari tecniche di abrasione, permette di evidenziare gli strati delle diverse piegature che danno vita a un tipico motivo chiamato *hamon* o *kasumi*.

L'acciaio dei coltelli giapponesi presenta un alto livello di durezza che permette un'affilatura perfetta e di lunga durata. Una estrema durezza determina tuttavia anche una minore flessibilità della lama, aumentando il rischio di spezzarsi o scheggiarsi all'uso.

Coltelli artigianali giapponesi da cucina.

L'ossidabilità inoltre fa sì che i coltelli giapponesi siano molto più vulnerabili alla ruggine. Rendendo un acciaio inossidabile (cosa che si ottiene aggiungendo una percentuale di metalli), si favorisce una maggiore resistenza alla corrosione, ma si abbassa il livello di durezza della lama.

È necessaria pertanto una manutenzione meticolosa e una pulizia costante dei coltelli giapponesi che vanno lavati, asciugati accuratamente dall'umidità e lubrificati dopo ogni uso.

Il coltello giapponese è anche caratterizzato da una lama a filo singolo, ossia affilata solo da un lato, che consente tagli più netti e precisi, ma che richiede anche estrema abilità e grande esperienza.

Il manico del coltello giapponese è generalmente di legno, in particolare di magnolia obovata (detta comunemente magnolia giapponese) oppure di ciliegio o palissandro. In altri casi il manico può essere di corno di bufalo. La forma del manico è detta "a D" o "a castagna" per la caratteristica forma ovale arrotondata sul fondo; in altri casi può essere modellata e tagliata in sezione trasversale ottagonale.

I coltelli giapponesi vengono spesso riposti in un fodero di legno, chiamato *saya*.

Hamon o kasumi, **tipico motivo ondulato ottenuto dal processo di lavorazione della lama.**

Tipologie di coltelli

Il termine "coltello da cucina" in giapponese deriva dalla parola *hocho* (ho = cucina, cho = cuoco).

La maestria con cui si effettuano i vari tagli è fondamentale nella cucina giapponese, il taglio determina il valore aggiunto dello chef per esaltare la naturalità di un ingrediente e il suo sapore. Esistono varie tipologie di coltelli giapponesi, che si differenziano per una serie di caratteristiche, come la lunghezza e la forma della lama, il materiale, la destinazione d'uso e la località di provenienza.

Deba bocho

Coltello a lama spessa, a filo singolo, utilizzato principalmente per pulire e diliscare il pesce. La lama, a forma di triangolo, è piuttosto pesante in modo che non possa flettersi o piegarsi anche se viene applicata una certa forza durante l'uso. Le dimensioni di questo coltello variano da 10 cm a 30 cm. Esistono varianti e dimensioni in base alla tipologia di pesce da lavorare.

Usuba bocho

Coltello a lama sottile, a filo singolo, utilizzato principalmente per tagliare le verdure. Nel Nord del Giappone la lama ha forma rettangolare, nel Sud è leggermente curvata.

Per la lavorazione delle verdure si usa una tipica tecnica di taglio chiamata *katsuramuki*. Con questa pratica si ricavano da alcune verdure, come ad esempio il daikon o il cetriolo, sfoglie lunghe e sottili, quasi trasparenti, che ricordano la purezza delle acque correnti di cui il Giappone è ricco.

Sashimi bocho

Coltello a lama lunga utilizzato per tagliare il pesce crudo. Per favorire un taglio unidirezionale del pesce e fare in modo che la polpa non venga danneggiata, la lama di questo tipo di coltello è particolarmente lunga.

Il tipo di coltello *yanagiba*, tipico delle regioni del Sud del Giappone, ha una lama particolarmente appuntita.

Il tipo di coltello *takohiki*, tipico delle regioni del Nord del Giappone, ha una lama con bordo dritto, leggermente più sottile.

1. *Maguro bocho*, coltello per tonno.
2. *Sashimi bocho*, coltello per pesce crudo.
3. *Usuba bocho*, coltello a lama sottile e a filo singolo per verdure. Lama rettangolare tipica del Nord del Giappone.
4. *Usuba bocho*, coltello a lama sottile e a filo singolo per verdure. Lama curva tipica del Sud del Giappone.

5. *Deba bocho*, coltello a lama spessa a filo singolo, utilizzato principalmente per pulire e diliscare il pesce.
6. *Unagi saki*, coltello per anguilla.
7. *Men kiri*, coltello per pasta (soba, udon, ramen).

Tecniche di affilamento

Per il processo di affilatura della lama di un coltello si utilizza una pietra chiamata *toishi*.

Le pietre sono disponibili in vari gradi di granulometria in base alle dimensioni delle particelle abrasive contenute nella pietra. La dimensione della grana si identifica con un numero che indica la densità delle particelle abrasive in essa contenute. Maggiore è il valore numerico delle particelle, più fine è la grana.

È possibile classificare tre tipi di grana: *arato* (grana grossolana), *nakato* o *nakado* o *chudo* (grana media) e *shiageto* o *shiagedo* (grana fine):

- *arato*, si utilizza in caso di scheggiatura, quando sono necessarie riparazioni della lama;
- *nakato*, si utilizza per l'affilamento principale;
- *shiageto*, si utilizza per perfezionare l'affilatura.

Anticamente si utilizzavano pietre naturali lubrificate ad acqua, che ancora oggi vengono preferite da molti chef giapponesi. Dal periodo Meji (1868-1912) si è diffusa e ampiamente distribuita la produzione di pietre artificiali, facili da produrre e dalla grana maggiormente omogenea.

Per ottenere una buona affilatura è necessaria una certa pratica, ma la procedura non è complessa. Prima di utilizzare la pietra occorre tenerla immersa in acqua per 30 minuti, poi si posiziona su un piano di lavoro stabile o un supporto antiscivolo. Si poggia il coltello sulla pietra, la mano sinistra sulla lama e la destra sul manico. Si preme l'estremità del filo sulla pietra, verso il basso, utilizzando due dita, e si applica un'inclinazione del coltello di circa 15-20 gradi, in modo che risulti leggermente sollevato, all'incirca quanto lo spessore di una moneta. Tenendo l'inclinazione e la lama sempre a contatto con la superficie della pietra, si applica un movimento continuo, avanti e indietro, perpendicolare alla pietra, inumidendo costantemente la lama per evitare di produrre troppo attrito tra le superfici.

Lasciare in ammollo la pietra
per 30 minuti in acqua.

Posizionare la pietra sul piano di lavoro. Mettere la
mano sinistra sulla lama, la mano destra sul manico.
Curvare la punta del coltello.

Far slittare in avanti il coltello sulla pietra
in senso perpendicolare.

Tornare indietro al punto di partenza e continuare ad
affilare seguendo lo stesso movimento avanti e indietro.

Tecniche di taglio delle verdure

(Foto 1)
Katsuramuki: tagliare a 5-6 cm
di lunghezza il daikon, sbucciare
e pelare a 1-2 mm di spessore fino
al cuore, ottenendo una sfoglia
molto sottile, quasi trasparente.

(Foto 2)
Il *ken* è la tecnica di taglio finissimo
delle verdure che si servono in
accompagnamento al sashimi.

a - *Tateken*: tagliare la sfoglia
di daikon a julienne di 1-2 mm di
spessore, verticalmente. Rendere
croccante in acqua naturale fredda.
b - *Sengiri*: tagliare la sfoglia a
julienne di 1-2 mm di spessore.
c - *Yokoken*: tagliare la sfoglia
di daikon a julienne di 1-2 mm
di spessore, orizzontalmente.
Rendere croccante in acqua
naturale fredda.

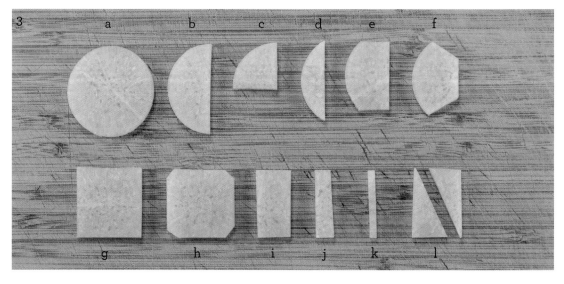

(Foto 3)

a - *Wagiri*: sbucciare il cibo a cilindro, tagliare a fette tonde.

b - *Hangetsugiri*: tagliare il *wagiri* a metà.

c - *Ichogiri*: tagliare il *wagiri* in quarti.

d - *Rikyugiri*: tagliare il *wagiri* a quarto di luna.

e - *Kushigiri*: tagliare il *wagiri* a metà (*hangetsugiri*) ed eliminare le due estremità perpendicolarmente.

f - *Jigamigiri*: tagliare il *wagiri* a metà (*hangetsugiri*) ed eliminare le due estremità diagonalmente.

g - *Shikishigiri*: eliminare il bordo tondo del *wagiri*, creando una forma quadrata.

h - *Koguchigiri*: eliminare i 4 angoli del *shikishigiri*.

i - *Shihangiri*: tagliare a metà il *shikishigiri*, creando una forma a rettangolo.

j - *Tanzakugiri*: tagliare lo *shihangiri* a metà, creando un rettangolo più piccolo.

k - *Hyoshigigiri*: tagliare il *tanzakugiri* a bastoncini.

l - *Kirichigai*: tagliare lo *shihangiri* in diagonale.

(Foto 4)

a - *Hyoshigiri*: tagliare il daikon a bastoncini di 5-6 cm di lunghezza e 7-8 mm di diametro.

b - *Sainomegiri*: tagliare a cubetti di 7-8 mm di grandezza.

c - *Araregiri*: tagliare a cubetti di 3-5 mm di grandezza.

d - *Mijingiri*: tagliare a piccoli cubetti.

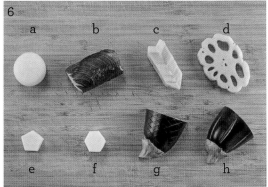

(Foto 5)
Tagli per ingredienti lunghi.
a - *Sungiri*: tagliare a *issun* che corrisponde a 3,03 cm di lunghezza.
b - *Koguchigiri*: tagliare per il lungo a fette ortogonali.
c - *Nanamegiri*: tagliare i cilindri in diagonale.
d - *Komatsume*: tagliare il cilindro da una parte in diagonale, dall'altra ortogonale. La forma ottenuta si chiama *kadomatsu*, una decorazione giapponese tradizionale di Capodanno e dell'anno nuovo.
e - *Rangiri*: tagliare in diagonale ruotando gli ingredienti.
f - *Sasagaki*: incidere l'ingrediente e levigare ruotando avanti e indietro come un temperamatite.

(Foto 6)
Il *kazarigiri* comprende i tagli per valorizzare la bellezza degli ingredienti e ottimizzare la cottura.
a - *Mentori*: rifilare tutti i bordi dell'ingrediente a 45 gradi diagonalmente per ottenere una forma perfetta durante la cottura.
b - *Jabara kyuri*: incidere il cetriolo da entrambi i lati diagonalmente.
c - *Yabanerenkon*: sbucciare e tagliare il renkon a fette diagonalmente. Tagliare la fetta a metà, mettere in piedi le fette tagliate, unire e attaccare creando una forma ad aletta di freccia.
d - *Hanarenkon*: sbucciare e tagliare il renkon a fette. Sagomare il bordo seguendo la forma dei buchi naturali del renkon in modo da lasciare la forma a fiore.
e - *Goho* o *gokaku*: tagliare a fette di forma pentagonale.
f - *Kikko*: tagliare a fette di forma esagonale.
g - *Shikanoko nasu*: eliminare il calice della melanzana, tagliare a metà e incidere righe orizzontali e verticali creando un motivo a griglia.
h - *Chasen nasu*: eliminare il calice della melanzana e incidere in verticale nel senso della lunghezza.

Tecniche di preparazione del pesce

PULITURA E SQUAMATURA
Sakana no mizu arai
Il processo di pulitura preventiva del pesce prevede le seguenti fasi: desquamare, eliminare l'intestino, lavare il pesce, asciugare con carta da cucina. Eseguita questa lavorazione, si può decidere di conservare in frigorifero il pesce direttamente intero oppure sfilettarlo e porzionarlo per le lavorazioni successive.

Uroko wo hiku
squamatura standard
Appoggiare la testa del pesce a sinistra, utilizzare il desquamatore per eliminare le squame, procedendo dalla coda alla testa con movimento circolare. **(Foto 1)**

Utilizzare il coltello per squamare le parti meno visibili (intorno alle pinne, al ventre, alle guance e alla testa del pesce).

Sukibocho
squamare con il coltello
Appoggiare la testa del pesce a sinistra. Procedendo dalla coda alla testa, eliminare le squame inserendo il coltello tra le squame e la pelle del pesce. **(Foto 2)**

Eliminare l'intestino, lavare e asciugare
Partendo dalla branchia del pesce, incidere la pinna ventrale fino al ventre. Eliminare l'intestino, lavare e asciugare sia l'interno sia l'esterno del pesce con carta da cucina. **(Foto 3)**

SFILETTAMENTO

Sanmai oroshi
sfilettamento standard

Eliminare la testa del pesce, appoggiare la parte della testa a sinistra, incidere il ventre con il coltello. Inserire la lama fino alla spina centrale. **(Foto 4)**

Capovolgere il pesce in modo che la schiena sia in basso. Incidere con il coltello la schiena, inserire la lama fino alla spina centrale. **(Foto 5)**

Sollevare la coda con la mano sinistra, inserire il coltello e procedere dalla coda alla testa, tagliando la spina addominale per ottenere il filetto del pesce. Voltare il pesce e procedere come sopra. **(Foto 6)**

Eliminare la spina addominale con il coltello. **(Foto 7)**

Eliminare le spinette centrali con la pinza per spinare il pesce.

Gomai oroshi
sfilettamento per pesce sottile o grande

Eliminare la testa, appoggiare la parte della testa del pesce a sinistra, incidere con il coltello intorno alla spina dorsale e ventrale. **(Foto 8)**

Praticare un'incisione sulla spina centrale, inserire il coltello e tagliare lungo le incisioni. Voltare il pesce e procedere come sopra. **(Foto 9)**

Daimyo oroshi
sfilettamento per pesce piccolo

Eliminare la testa del pesce, appoggiare la parte della testa a destra, far scorrere il coltello su tutta la lunghezza della spina centrale del pesce, sfilettare procedendo dalla testa alla coda facendo scivolare il coltello sulla spina centrale. Voltare il pesce e procedere come sopra. **(Foto 10)**

Eliminare la spina addominale con il coltello. **(Foto 11)**

Eliminare le spinette centrali con la pinza per spinare il pesce.

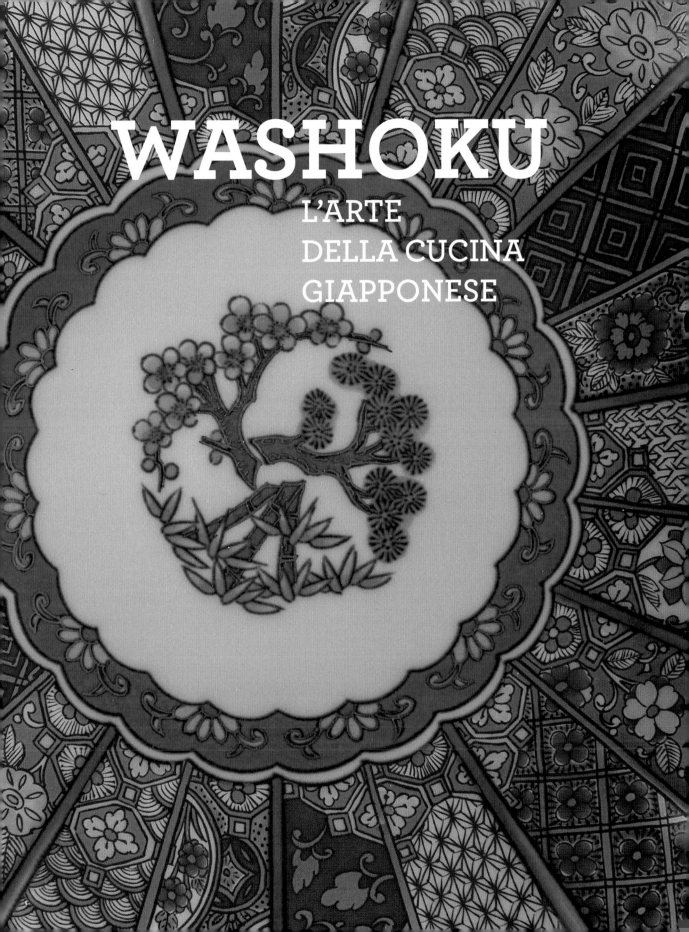

WASHOKU

L'ARTE
DELLA CUCINA
GIAPPONESE

SUSHI

寿司

Il sushi ha una storia molto antica, i primi riferimenti risalgono al periodo Nara (710-794).

La sua origine è legata alla conservazione del pesce. Il pesce crudo veniva eviscerato, salato e collocato a strati in grossi contenitori, alternato a strati di riso cotto. Il tutto veniva pressato e conservato per molti mesi. La fermentazione del riso e la conseguente produzione di acidità nel contenitore consentivano una lunga conservazione del pesce e ne facilitavano il consumo e il trasporto. Il riso fermentato veniva scartato, si mangiava soltanto il pesce il cui sapore risultava molto buono, ma pare che l'odore non fosse particolarmente gradevole. Nonostante questo, il *narezushi* venne apprezzato per molti anni ed è possibile gustarlo ancora oggi in qualche piccolo villaggio di pescatori in alcune regioni del Giappone.

Nel periodo Muromachi (1333-1573) divenne molto popolare il *namanare*, un'evoluzione del *narezushi*. Il pesce veniva consumato quasi crudo insieme al riso, in una fase di semi-fermentazione.

Nel periodo Edo (1603-1868), il Giappone rimase quasi completamente isolato dal mondo esterno. Nell'antica capitale Edo, l'attuale città di Tokyo, si diffuse in quel periodo il cosiddetto sushi veloce, *hayazushi*, in cui il sapore acidulo del riso non si otteneva più dal lungo processo di fermentazione, ma dall'aggiunta di aceto di riso.

Il riso cominciò gradualmente a essere considerato non più un mezzo di conservazione, ma un alimento da gustare insieme al pesce, che all'epoca non era mai servito del tutto crudo, ma precedentemente marinato in salsa di soia, conservato sottaceto oppure cotto.

Questo tipo di cibo si diffuse largamente e cominciò a essere servito in molte bancarelle di ambulanti che introdussero man mano anche numerose varianti; anche le porzioni, da piuttosto grandi diventarono gradualmente più piccole, da gustare in un boccone con le mani o con le bacchette (*hashi*), somigliando sempre di più al sushi in stile moderno che conosciamo oggi.

Proprio a Edo, l'attuale Tokyo, nel 1829, nasce il *nigiri zushi* (*nigiri* significa "tenere in mano"), il sushi realizzato e modellato a mano, quello attualmente più rappresentativo in Occidente. Si utilizzava pesce marinato, stufato e cotto, frittata di uovo, verdure marinate o stufate. Tra riso e ingrediente veniva inserito wasabi, zenzero marinato o una sorta di granella di pesce stufato e tritato chiamato *oboro*. Spesso si avvolgeva il sushi con una striscia di *kanpyo* (vegetale della famiglia delle Cucurbitacee, simile alla zucca) stufato ed essiccato. In epoca moderna, in alternativa al *kanpyo*, si utilizza spesso una striscia di alga nori.

Il *nigiri zushi* si può realizzare con tre metodi diversi di posizionamento delle dita e del riso. I più antichi si chiamano *hontegaeshi* e *tategaeshi*; oggi si usa principalmente la tecnica *kotegaeshi*.

Il *nigiri zushi* può essere inoltre modellato in diverse forme: *tawaragata* (forma tondeggiante, ovale), *hakogata* (forma quadrata) e *funegata* (forma ovale, a barca), quella attualmente più utilizzata.

All'epoca, oltre al *nigiri zushi*, vennero introdotte anche altre tipologie di sushi: arrotolato, farcito, stampato o presentato con nuove forme, a volte ispirate a oggetti tradizionali come le *temari*, le antiche palline da gioco usate nel primo periodo Edo (1600 circa).

Tutte queste tipologie di sushi divennero molto popolari e cominciarono a diffondersi velocemente

Kanpyo e shiraita kombu.

dalla città di Edo fino nel Giappone del Sud. In particolare, nella città di Osaka, nel periodo Meiji (1868-1912), si produsse una variante chiamata *oshi zushi (oshi* significa "pressare") a base di strati di riso acidulato e fettine di pesce, ricoperti di *shiraita kombu* (sottile foglia ottenuta dal cuore di alga kombu marinata con aceto di riso ed essiccata), pressati e modellati in un tradizionale stampo di forma quadrata o rettangolare (anticamente in legno di cipresso o di cedro, oggi più comunemente in pino), chiamato *oshigata* o *oshibako*.

Dal Novecento in poi, l'avvento dell'era elettrica, lo sviluppo della produzione del ghiaccio e il perfezionamento delle attività di pesca favorirono una gestione sempre più accurata e sistematica della distribuzione e della commercializzazione del pesce fresco, così che la vendita di sushi e l'utilizzo del pesce crudo iniziarono a diffondersi in tutto il Giappone.

In Giappone, per essere considerati maestri di sushi, è necessario un percorso di molti anni, una grande

Temari.

esperienza, la perfetta conoscenza delle materie prime, delle stagioni e di tutte le tecniche di taglio e di lavorazione del pesce. Solo in tanti anni di esperienza si può raggiungere l'equilibrio perfetto tra riso e pesce, tra riso e condimento, il tutto in pochi tocchi. I maestri solitamente servono direttamente il loro sushi al bancone (*tsukedai*), creando un sottile equilibrio, un legame, anche tra chef e cliente.

Creare il sushi è una vera e propria arte che va rispettata e protetta, non è alla portata di tutti.

Strumenti per sushi

1. *Hangiri* (*han* = riso; *giri* = tagliare): contenitore per mescolare e condire il riso per sushi. Realizzato in legno di sawara (cipresso giapponese) e tagliato in senso verticale così che la struttura, con il calore e il vapore, si deformi uniformemente, assorbendo l'umidità in modo omogeneo e lasciando che il riso si conservi soffice e umido all'interno.

2. *Shamoji*: paletta di legno o bambù dalla punta ovale, usata per servire il riso o per amalgamarlo con altri ingredienti. Il riso si mescola azionando rapidamente la paletta con movimenti trasversali, come se si volesse tagliare (da cui il termine *hangiri*).

3. *Uchiwa*: ventaglio che viene utilizzato per ventilare rapidamente il riso per sushi, per abbassarne la temperatura e lucidarlo.

4. *Ohitsu*: contenitore per mantenere la temperatura del riso. Realizzato in legno di sawara e costruito con lo stesso metodo di fabbricazione dell'*hangiri*.

5. *Sarashi*: tela di cotone utilizzata per raccogliere e mescolare il riso, oppure per ricoprire il riso e conservarne la temperatura e l'umidità. Il *sarashi* viene utilizzato inoltre per filtrare brodi o liquidi di cottura.

6. *Makisu*: tappeto di bambù, è un utensile autentico, tipico della cucina giapponese. Il bambù lungo e sottile è lavorato e rifinito con filo di cotone. Le dimensioni variano da 25 a 30 cm quadrati. Il bambù può essere più spesso o più sottile in base alle varianti.

7. *Oshigata* (o *oshibako*): stampo in legno di sawara utilizzato per pressare un tipo di sushi tradizionale. Gli stampi a pressione variano da regione a regione, non ci sono solo forme quadrate, ma anche rettangolari, a ventaglio, a forma di fiori o foglie.

8. *Sushi hake*: pennello con le setole corte e piatte, tradizionalmente in crine di cavallo, utilizzato per spennellare di salsa il sushi.

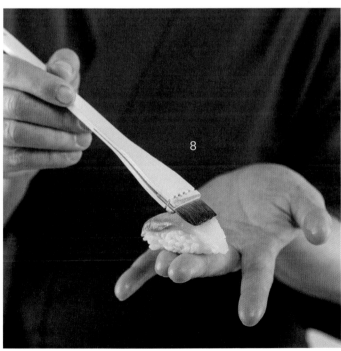

Strumenti per sushi descritti nella pagina a fronte.

FASI DEL PROCESSO DI PREPARAZIONE DEL SUMESHI

1. Prima di cuocerlo, lavare il riso più volte, scolarlo dell'acqua in eccesso e lasciarlo riposare.

2. Una volta lavato e ammollato, versare il riso in una pentola contenente acqua naturale e cuocere.

3. Trasferire il riso cotto nell'apposito contenitore di legno (*hangiri*).

4. Versare velocemente il condimento (*sushizu*) sul riso caldo e mescolare immediatamente.

5. Tagliare il riso in senso trasversale con l'apposita paletta di legno (*shamoji*) e procedere al raffreddamento con l'apposito ventaglio (*uchiwa*).

6. Trasferire il riso nell'apposito contenitore di legno (*ohitsu*) per mantenere la temperatura e ricoprire con un tessuto umido (*sarashi*).

SUSHIZU E SUMESHI

寿司酢と酢飯

per il sushizu
75 g di aceto di riso
30 g di zucchero semolato
15 g di sale

per il sumeshi
450 g di riso
450 g di acqua naturale
120 g di sushizu

SUSHIZU (CONDIMENTO PER RISO)
In una bacinella, amalgamare tutti gli ingredienti.

SUMESHI (RISO CONDITO PER SUSHI)
Lavare il riso con acqua corrente naturale per eliminare l'amido, scolare l'acqua in eccesso, lasciar riposare per 30 minuti.
In una pentola, aggiungere il riso lavato e ammollato e l'acqua naturale.
Coprire la pentola con un coperchio e portare a bollore.
Abbassare il fuoco e lasciar cuocere per 15 minuti.
Spegnere il fuoco e lasciar riposare per 15 minuti.
Aggiungere lo sushizu e amalgamare.
Coprire il riso con un panno umido, mantenere una temperatura di 40 °C.

Preparazione del riso e condimenti per sushi

Il riso cotto, condito con aceto di riso, sale e zucchero si chiama *sumeshi*. Il condimento si chiama *sushizu*, ha un buon sapore e un odore gradevole, è utilizzato innanzitutto per la conservazione del riso, per lucidarlo e per preservarne la tenerezza. In origine si utilizzava l'aceto rosso di riso, senza zucchero, ma dopo la Seconda guerra mondiale si è cominciato a utilizzare l'aceto bianco di riso con l'aggiunta di zucchero per intensificare il sapore.

Il riso, prima di essere cotto, va lavato più volte e privato, sfregando con le mani, dello strato più esterno che tende a ossidarsi. Tale processo di raffinazione si definisce *togu*.
Si procede con le fasi di cottura e di condimento che avvengono tramite specifici strumenti e movimenti finalizzati a garantire la giusta consistenza del riso, a conservarlo lucido, a ridurre l'umidità in eccesso e a preservare il profumo dello sushizu che tende a evaporare.

Accompagnamenti per sushi e sashimi

Tsuke joyu

Dal termine *tsuke* = intingere e *joyu* (shoyu) = salsa di soia, rappresenta l'insieme delle salse intense e saporite da abbinare al pesce crudo. Appartengono a questa categoria:

■ *Sashimi joyu*, può essere presentata in due varianti:

1. in purezza, si utilizza esclusivamente *saijikomi shoyu* assoluta (salsa di soia a doppia fermenta-

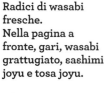

Radici di wasabi fresche.
Nella pagina a fronte, gari, wasabi grattugiato, sashimi joyu e tosa joyu.

zione), una salsa di soia artigianale prodotta in minima quantità, molto pregiata e ricca di sapore;

2. miscelata ad altri ingredienti, si uniscono la *koikuchi shoyu* (salsa di soia scura e dal gusto profondo) e la *tamari shoyu* (salsa di soia pura, senza farina), infine il dashi.

■ *Tosa joyu*, nasce nella prefettura di Kochi, anticamente chiamata Tosa, specializzata nella produzione di katsuobushi, uno degli ingredienti da unire alla salsa di soia, insieme a sake e mirin. Si porta la miscela a bollore e si filtra.

Wasabi

Pianta commestibile nativa del Giappone con un forte sapore pungente e piccante.
Il wasabi è una radice che cresceva selvatica lungo i torrenti limpidi e freddi di montagna. Successivamente si cominciarono a raccogliere le radici selvatiche e a trapiantarle nei pressi dei villaggi, lungo i ruscelli.
Storicamente, nel periodo Asuka (592-710), pare che il wasabi venisse usato come medicinale. Nell'era

Muromachi (1333-1573), cominciò a essere introdotto come alimento per condire, allo stesso modo in cui lo usiamo oggi. Nel periodo Edo (1603-1868), insieme alla diffusione di sushi e soba, il wasabi cominciò a essere coltivato e si diffuse ampiamente, anche a livello commerciale.

Esistono due metodi di coltivazione del wasabi:

1. *mizu wasabi* o *tani wasabi*, wasabi coltivato nell'acqua limpida di ruscello di montagna o di sorgente. La temperatura dell'acqua, abbondante e pulita, va dai 9 ai 16 °C. La coltivazione richiede un buon terreno permeabile all'acqua, come la sabbia, in posizione ombreggiata. Questo tipo di coltivazione risulta molto difficile da gestire perché limitata a luoghi impervi e con abbondante acqua pulita;

2. *hata wasabi* o *riku wasabi*, wasabi coltivato a terra, non si utilizza acqua diretta sorgiva. La qualità di questa radice è inferiore rispetto al wasabi di sorgente, ma la coltivazione risulta più facile, specialmente nella gestione della temperatura e dell'umidità.

La radice di wasabi grattugiata è uno dei principali accompagnamenti di sushi, sashimi e soba. Per grattugiare il wasabi si utilizza tradizionalmente una grattugia ricoperta di pelle di squalo, chiamata *samekawa oroshi*.
Il sapore e l'aroma pungente del wasabi sono piuttosto volatili, pertanto il wasabi grattugiato tende a disperdere velocemente il suo carattere.

Samekawa oroshi **(grattugia tradizionale per wasabi).**

TSUKE JOYU

付け醤油

per la sashimi joyu
100 g di salsa di soia
30 g di salsa di soia tamari
3 g di alga kombu

SASHIMI JOYU
In una bacinella, aggiungere tutti gli ingredienti
e lasciar marinare per 1 giorno in frigorifero.
Filtrare con un passino.

per il tosa joyu
50 g di dashi
70 g di salsa di soia
30 g di salsa di soia tamari
10 g di sake
10 g di mirin
2 g di katsuobushi

TOSA JOYU
In una pentola, portare a bollore il dashi
e i condimenti.
Spegnere il fuoco, aggiungere il katsuobushi,
lasciar riposare per 10 minuti.
Filtrare con un colino.

Esiste un famoso tipo di wasabi marinato con i residui della lavorazione del sake (*sake kasu*), chiamato *wasabi zuke*. Le foglie, gli steli e i fiori del wasabi, sbollentati leggermente, possono essere consumati come una normale verdura. Le foglie e gli steli, marinati con salsa di soia, spesso si utilizzano come farcitura per sushi, i fiori e le foglie sono ottimi anche in tempura.

Vista la delicatezza e il facile deterioramento del wasabi, è molto difficile trasportare e commercializzare all'estero la radice fresca. In vendita si può trovare il wasabi essiccato e ridotto in polvere oppure un prodotto in polvere o in tubetto, composto da miscele di ingredienti dal caratteristico sapore pungente, che contengono vero wasabi in percentuali minime.

Gari
Lo zenzero novello, tagliato a fette sottili e marinato in una miscela a base di aceto di riso, sale e zucchero. È un tipico accompagnamento al sushi. Ha un sapore pungente e rinfrescante, dolcemente acidulato, con una buona consistenza al gusto. Il gari artigianale, senza l'aggiunta di alcun pigmento artificiale, diventa rosa con la semplice azione dell'aceto di riso.

握り寿司

NIGIRI ZUSHI

Il nigiri è il più popolare sushi consumato in Giappone. La presentazione molto minimalista presuppone una grande maestria nella tecnica di taglio, oltre che una estrema freschezza della materia prima.

per i nigiri zushi

40 g di filetto di tonno fresco
40 g di filetto di salmone
40 g di filetto di dentice
40 g di filetto di ricciola
40 g di filetto di triglia
40 g di filetto di sgombro
40 g di filetto di cernia
40 g di calamaro
2 gamberoni
2 gamberi rossi
320 g di sumeshi
qb aceto di riso
qb wasabi grattugiato

per la finitura
qb tsuke joyu
qb gari

PER I NIGIRI ZUSHI

Eliminare la pelle dai filetti di pesce. Tagliare i filetti di pesce e il calamaro a fette di 3 mm di spessore. Inserire uno stecco nei gamberoni, dalla testa alla coda. In una pentola, cuocere i gamberoni per 5 minuti in acqua bollente salata. Lasciar raffreddare a temperatura ambiente. Togliere lo stecco, sgusciare e aprire a metà incidendo il ventre con il coltello. Eliminare l'intestino. Togliere la testa e il carapace dei gamberi rossi, eliminare l'intestino, effettuare una lieve incisione sul dorso.

Inumidire le mani in acqua acidulata con aceto di riso. Prendere circa 18-20 g di sumeshi con la mano destra e formare una pallina. Prendere una fettina di pesce con la mano sinistra e aggiungere una punta di wasabi con il dito indice. Poggiare la pallina di sumeshi sul pesce. Con l'indice della mano destra creare una piccola conca sulla pallina di sumeshi. Ruotare e capovolgere il nigiri con il dito medio destro. Modellare a forma di cilindro premendo i lati del nigiri con il pollice e il medio della mano destra. Premere delicatamente con l'indice e il medio della mano destra per far aderire bene gli ingredienti.

PER LA FINITURA

In un piatto da portata, adagiare il nigiri zushi. Accompagnare con il gari e lo tsuke joyu in una ciotola.

HOSO MAKI

L'hoso maki è un tipo di sushi arrotolato di dimensione piccola, tradizionale di Edo, l'antico nome della città di Tokyo, farcito con singoli ingredienti e ricoperto di alga nori. L'hoso maki farcito con tonno si chiama *tekka maki*, con cetriolo *kappa maki*, con daikon marinato *shinko maki*. La bellezza di questo sushi risiede nella perfetta armonia tra riso, alga e farcitura.

per il kanpyo
50 g di kanpyo
60 g di salsa di soia
5 g di mirin
75 g di zucchero semolato
qb acqua naturale
qb aceto di riso
qb sale

per l'hoso maki
2 fogli di alga nori
40 g di filetto di tonno fresco
40 g di kanpyo stufato
40 g di cetriolo
40 g di takuan
280 g di sumeshi
qb wasabi grattugiato

per la finitura
qb tsuke joyu
qb gari

PER IL KANPYO (STRISCE ESSICCATE DI ZUCCA GIAPPONESE)
Lasciare in ammollo le strisce di kanpyo in acqua salata per 30 minuti. Scolare l'acqua in eccesso.
In una pentola, portare a bollore dell'acqua naturale acidulata con aceto di riso. Aggiungere il kanpyo ammollato, cuocere per 30 minuti e scolare.
In una pentola, unire il kanpyo lessato, la salsa di soia, il mirin e lo zucchero e cuocere per 20 minuti.

PER L'HOSO MAKI
Tagliare ciascun foglio di alga nori a metà.
Tagliare il filetto di tonno fresco, il kanpyo, il cetriolo e il takuan a forma di bastoncino di 8 mm di diametro e di circa 20 cm di lunghezza.
Posizionare metà foglio di alga nori sul tappeto di bambù, prendere circa 70 g di sumeshi e stenderlo su tutta la superficie dell'alga lasciando circa 1 cm di spazio libero sull'estremità lunga superiore.
Aggiungere una leggera quantità di wasabi al centro del riso. Disporre il bastoncino di tonno fresco al centro del sumeshi. Con l'aiuto del tappeto di bambù, cominciare ad arrotolare l'alga nori, liberando di volta in volta l'estremità del tappeto e premendo leggermente con le dita.
Una volta arrotolato, modellare il rotolo uniformemente nel senso della lunghezza e tagliare in 6 fette.
Ripetere l'operazione con il kanpyo, il cetriolo e il takuan.

PER LA FINITURA
In un piatto da portata, adagiare gli hoso maki.
Accompagnare con il gari e lo tsuke joyu in una ciotola.

GUNKAN MAKI

軍艦巻き

Gunkan significa letteralmente "barca nera". Il colore verde molto scuro e intenso dell'alga nori che ricopre questo sushi richiama infatti il colore nero delle antiche barche militari. Il gunkan maki, originario dei primi anni '40, nasce per contenere ingredienti fragili o di piccole dimensioni, come ad esempio ricci di mare, uova di pesce o pesce tritato.

per il gunkan maki
1 foglio di alga nori
120 g di ikura
120 g di sumeshi

per la finitura
qb tsuke joyu
qb gari

PER IL GUNKAN MAKI
Tagliare il foglio di alga nori in 6 strisce orizzontali lunghe 19 cm e larghe 3,5 cm.
Prendere circa 20 g di sumeshi con la mano destra e formare una pallina ovoidale.
Rivestire la pallina di riso con l'alga nori, aggiungere l'ikura sulla superficie.

PER LA FINITURA
In un piatto da portata, adagiare il gunkan maki.
Accompagnare con il gari e lo tsuke joyu in una ciotola.

ちらし寿司 CHIRASHI ZUSHI

Il chirashi zushi, tradizionale sushi del periodo Edo (1603-1868), prende origine dal nigiri zushi. Il termine *chirashi* significa "spargere" e si riferisce al comune metodo di distribuire i vari ingredienti in modo sparso su una superficie a base di riso.

per il tamago yaki

4 uova
60 g di dashi
10 g di salsa di soia
7,5 g di zucchero semolato
7,5 g di mirin
qb olio di semi

per lo zuke di tonno fresco

50 g di filetto di tonno fresco
37,5 g di salsa di soia
15 g di sake
30 g di mirin
2 g di alga kombu

per il chirashi zushi

50 g di filetto di salmone
4 gamberoni
50 g di polpo

per la finitura

300 g di sumeshi
20 g di ikura
⅓ di cetriolo

PER IL TAMAGO YAKI (FRITTATA DI UOVA)

In una bacinella, spaccare le uova e amalgamarle con il dashi, la salsa di soia, lo zucchero e il mirin. Scaldare una padella e ungerla con olio di semi. Versare un sottile strato di miscela all'uovo e distribuirlo bene nella padella. Arrotolare la frittata sottile e spingere il rotolo in avanti. Versare altro composto per coprire nuovamente il fondo della padella, sollevando leggermente il primo rotolo ottenuto in modo che il secondo strato possa aderire al precedente. Continuare a cuocere e a stratificare il rotolo fino al termine della miscela di uovo. Adagiare il rotolo ottenuto sul tappeto di bambù e avvolgerlo nel tappeto per sagomarne la forma. Lasciar raffreddare a temperatura ambiente, tagliare a cubi di 1,5 cm.

PER LO ZUKE DI TONNO FRESCO (TONNO FRESCO MARINATO)

In una pentola, versare i condimenti, aggiungere l'alga kombu e portare a bollore. Far evaporare l'alcool per qualche minuto. Lasciar raffreddare a temperatura ambiente. Tagliare il filetto di tonno fresco a cubi di 1 cm. Lasciar marinare nella marinatura per 5 minuti.

PER IL CHIRASHI ZUSHI

Eliminare la pelle del filetto di salmone e tagliare a cubi di 1 cm.
Inserire uno stecco nei gamberoni dalla testa alla coda e cuocere per 5 minuti in acqua bollente salata. Lasciar raffreddare a temperatura ambiente. Togliere lo stecco,

sguscire e aprire a metà incidendo il ventre con il coltello.
Eliminare l'intestino e tagliare i gamberoni in tre parti.
Eliminare l'intestino del polpo, massaggiare con il sale.
Sciacquare ed eliminare la viscosità. In una pentola,
lessare il polpo in acqua bollente per 10 minuti.
Scolare e lasciar raffreddare in acqua naturale con ghiaccio.
Tagliare a fette sottili.

PER LA FINITURA
In un piatto da portata, posizionare il sumeshi.
Adagiare i cubi di tonno fresco marinato e di salmone,
i gamberoni e il polpo. Aggiungere l'ikura e il cetriolo
tagliato a fette di 5 mm di spessore.

印籠寿司 INRO ZUSHI

È un tipo di sushi in cui il riso viene inserito all'interno di vari ingredienti stufati e condito con la riduzione del liquido di cottura degli alimenti, chiamato *tsume*. Il termine *inro* deriva dalla tipica forma cilindrica di un antico contenitore da tasca in legno o metallo, utilizzato per conservare o trasportare alcuni elementi come pastiglie, medicinali, essenze o fiammiferi. Oggi, alcuni di questi oggetti, spesso preziosi perché appartenuti a ceti nobiliari, sono conservati come oggetti d'arte o decorativi.

per i calamari

2 calamari
800 g di acqua naturale
70 g di salsa di soia
80 g di sake
25 g di mirin
70 g di zucchero di canna
10 g di cipollotto
2 fette di daikon
2 fette di zenzero

per il sumeshi

150 g di sumeshi
2 g di alga aonori
30 g di gari
1 g di semi di sesamo
bianco tostati

PER I CALAMARI

Eliminare l'intestino dei calamari.
In una pentola, aggiungere tutti gli ingredienti, coprire con il coperchio e portare a bollore.
Spegnere il fuoco e lasciar riposare a temperatura ambiente.
Prelevare i calamari, tagliare i tentacoli e tritarli.
Ridurre il liquido di cottura fino a ottenere una consistenza densa e saporita.

PER IL SUMESHI

Tritare il gari.
In una bacinella, amalgamare tutti gli ingredienti e aggiungere i tentacoli dei calamari tritati.

PER L'INRO ZUSHI

Farcire i calamari con il sumeshi e tagliarli a fette di 1,5 cm di spessore.

PER LA FINITURA

In un piatto da portata, adagiare l'inro zushi.
Spennellare la riduzione sulla superficie.

五目寿司 GOMOKU ZUSHI

Gomoku è un antico termine che letteralmente significa "cinque tipi". In ambito culinario si riferisce alla varietà degli ingredienti, principalmente cotti o stufati, utilizzati nella preparazione e nella finitura di un piatto. Tradizionalmente, il gomoku zushi si prepara in casa in occasione di ricorrenze tipiche, come l'Hinamatsuri, la festa delle bambine, che si celebra il 3 marzo.

per lo shiitake fukumeni

15 g di funghi shiitake secchi
5 g di salsa di soia
5 g di mirin
5 g di zucchero semolato
1,25 g di sale
75 g di acqua naturale

per la marinatura

90 g di acqua naturale
60 g di aceto di riso
37,5 g di zucchero semolato
1 peperoncino rosso

per il subasu

50 g di renkon
qb acqua naturale
qb aceto di riso
qb sale

per il kinshi tamago

1 uovo
0,5 g di sale
5 g di zucchero semolato
3,75 g di sake
qb olio di semi

PER LO SHIITAKE FUKUMENI (FUNGHI SHIITAKE STUFATI)
Ammollare i funghi shiitake in acqua naturale per 1 giorno in frigorifero. Eliminare il gambo. In una pentola, versare 75 g di acqua naturale, aggiungere i funghi e tutti gli ingredienti, portare a bollore. Coprire con il coperchio, cuocere per 20-30 minuti e lasciar raffreddare a temperatura ambiente. Tagliare i funghi a fette sottili.

PER LA MARINATURA
In una bacinella, amalgamare l'acqua naturale, l'aceto di riso e lo zucchero semolato.
Aggiungere il peperoncino tagliato a julienne.

PER IL SUBASU (RADICE DI LOTO MARINATO)
Sbucciare il renkon, tagliare a fette sottili di 2 mm.
In una bacinella con dell'acqua naturale leggermente acidulata con aceto di riso, aggiungere le fette di renkon. Lasciar riposare per 10 minuti e scolare.
In una pentola, lessare le fette di renkon per 5 minuti in acqua bollente salata acidulata con aceto di riso.
Scolare le fette di renkon lessate e unire alla marinatura.
Lasciar marinare in frigorifero per 1 giorno.

PER IL KINSHI TAMAGO (FILI DI SETA DI UOVA)
In una bacinella, spaccare le uova, condire con il sale, lo zucchero semolato e il sake.
Scaldare una padella e ungere con l'olio di semi.
Versare una piccola quantità di miscela d'uovo nella padella, stendere uniformemente come una crespella.
Cuocere da entrambi i lati, togliere dalla padella

e lasciar raffreddare a temperatura ambiente.
Procedere fino a ultimare la miscela d'uovo.
Arrotolare e tagliare molto finemente a julienne.

PER LE TACCOLE
In una pentola, lessare le taccole per qualche minuto
in acqua bollente salata. Scolare e lasciar raffreddare a
temperatura ambiente. Tagliare a tranci diagonali di 2 cm.

PER LA FINITURA
In un piatto da portata, disporre il sumeshi, coprire
con il kinshi tamago e l'alga nori tagliata a julienne.
Adagiare il subasu, le fette di shiitake, le taccole e l'ikura.

per le taccole
2 taccole

per la finitura
300 g di sumeshi
¼ di foglio di alga nori
15 g di ikura

FUTO MAKI

Il futo maki è un tipo di sushi arrotolato di dimensione grande, tradizionale del Sud del Giappone, farcito con una varietà di ingredienti cotti o stufati. Il 3 febbraio, in occasione della festività Setsubun, si prepara uno speciale futo maki farcito con sette ingredienti, in omaggio alle sette divinità giapponesi, come rituale beneaugurale per la nuova stagione.

per il kanpyo

50 g di kanpyo
60 g di salsa di soia
5 g di mirin
75 g di zucchero semolato
qb acqua naturale
qb aceto di riso
qb sale

PER IL KANPYO (STRISCE ESSICCATE DI ZUCCA GIAPPONESE)

Lasciare in ammollo le strisce di kanpyo in acqua salata per 30 minuti. Scolare l'acqua in eccesso.
In una pentola, portare a bollore dell'acqua naturale acidulata con aceto di riso. Aggiungere il kanpyo ammollato, cuocere per 30 minuti e scolare.
In una pentola, unire il kanpyo lessato, la salsa di soia, il mirin e lo zucchero e cuocere per 20 minuti.

per l'atsuyaki tamago

25 g di filetto di dentice
1 uovo
8 g di dashi
4 g di mirin
10 g di zucchero semolato
0,5 g di sale
qb olio di semi

PER L'ATSUYAKI TAMAGO (FRITTATA DI UOVA AL PESCE)

Eliminare la pelle del dentice e frullarlo con i condimenti nel mixer, fino a ottenere un composto liscio e omogeneo.
Scaldare una padella e ungerla con l'olio di semi.
Versare il composto di uova nella padella e cuocere lentamente fino a ultimare la cottura.
Capovolgere e continuare a cuocere fino a ottenere una crosta dorata. Lasciar raffreddare a temperatura ambiente.

per i gamberoni

4 gamberoni

PER I GAMBERONI

Eliminare l'intestino dei gamberoni.
Inserire uno stecco nei gamberoni dalla testa alla coda.
In una pentola, cuocere per 5 minuti in acqua bollente salata. Lasciar raffreddare a temperatura ambiente.
Togliere lo stecco e sgusciare.

PER IL FUTO MAKI

Tagliare il filetto di tonno fresco, il cetriolo e l'atsuyaki tamago a forma di bastoncino di 8 mm di diametro e di circa 20 cm di lunghezza.
Posizionare l'alga nori sul tappeto di bambù, prendere

circa 150 g di sumeshi e stenderlo su tutta la superficie
dell'alga lasciando circa 1 cm di spazio libero sull'estremità
lunga superiore. Strisciare una leggera quantità di wasabi
e allineare tutti gli ingredienti al centro del sumeshi.
Con l'aiuto del tappeto di bambù, cominciare ad arrotolare
l'alga nori, liberando di volta in volta l'estremità del tappeto
e premendo leggermente con le dita.
Una volta arrotolato, modellare il rotolo uniformemente
nel senso della lunghezza e tagliare in 8 fette.

PER LA FINITURA
In un piatto da portata, adagiare il futomaki.
Accompagnare con il gari e lo tsuke joyu in una ciotola.

per il futo maki

2 fogli di alga nori

60 g di filetto di tonno fresco

⅓ di cetriolo

300 g di sumeshi

qb wasabi grattugiato

per la finitura

qb tsuke joyu

qb gari

稲荷寿司 INARI ZUSHI

L'inari zushi è un tipo di sushi a base di tofu fritto stufato e farcito di riso condito con vari ingredienti. Il suo colore dorato ricorda il colore della pelliccia della volpe, animale che in Giappone è considerato una divinità religiosa, chiamata appunto Inari, dio del riso e dell'agricoltura, a cui sono stati dedicati numerosi santuari, tra cui il più celebre a Kyoto, il Fushimi Inari Taisha.

per l'abura age stufato

4 abura age
100 g di dashi
20 g di salsa di soia
30 g di zucchero semolato

per lo shiitake fukumeni

15 g di funghi shiitake secchi
5 g di salsa di soia
5 g di mirin
5 g di zucchero semolato
1,25 g di sale
75 g di acqua naturale

per la marinatura

90 g di acqua naturale
60 g di aceto di riso
37,5 g di zucchero semolato
1 peperoncino rosso

per il subasu

50 g di renkon
qb acqua naturale
qb aceto di riso
qb sale

PER L'ABURA AGE STUFATO (TOFU FRITTO STUFATO)
In una pentola, lessare gli abura age per 2-3 minuti in acqua bollente. Scolare e strizzare per eliminare l'acqua in eccesso. In una pentola, unire gli abura age lessati e tutti i condimenti. Coprire con un coperchio. Portare a bollore e cuocere per 10 minuti. Scolare leggermente, tagliare gli abura age a metà e aprirli come una tasca.

PER LO SHIITAKE FUKUMENI (FUNGHI SHIITAKE STUFATI)
Ammollare i funghi shiitake in acqua naturale per 1 giorno in frigorifero. Eliminare il gambo. In una pentola, versare 75 g di acqua naturale, aggiungere i funghi e tutti gli ingredienti, portare a bollore. Coprire con il coperchio, cuocere per 20-30 minuti, lasciar raffreddare a temperatura ambiente. Tagliare i funghi a fette sottili.

PER LA MARINATURA
In una bacinella, amalgamare l'acqua naturale, l'aceto di riso e lo zucchero semolato. Aggiungere il peperoncino tagliato a julienne.

PER IL SUBASU (RADICE DI LOTO MARINATO)
Sbucciare il renkon, tagliare a fette sottili 2 mm. In una bacinella con dell'acqua naturale leggermente acidulata con aceto di riso, aggiungere le fette di renkon. Lasciar riposare per 10 minuti e scolare. In una pentola, lessare le fette di renkon per 5 minuti in acqua bollente salata acidulata con aceto di riso.

Scolare le fette di renkon lessate e unire alla marinatura.
Lasciar marinare in frigorifero per 1 giorno.

PER L'INARI ZUSHI
In una bacinella, amalgamare il sumeshi con i semi di
sesamo bianco tostati. Aggiungere lo shiitake fukumeni,
il subasu tritato e amalgamare. Prendere circa 30 g
di sumeshi e farcire la tasca di abura age stufato.

PER LA FINITURA
In un piatto da portata, adagiare l'inari zushi
e aggiungere l'ikura sulla superficie.
Accompagnare con una punta di karashi.

per l'inari zushi
240 g di sumeshi
qb semi di sesamo
bianco tostati

per la finitura
40 g di ikura
5 g di karashi

OSHI ZUSHI

押し寿司

Il termine *oshi* significa "pressare", si riferisce al tradizionale metodo di lavorazione di questo sushi, pressato e modellato tramite specifici stampi in legno chiamati *oshigata*.

per il salmone marinato
80 g di filetto di salmone
qb sale
15 g di salsa di soia
45 g di aceto di riso
30 g di zucchero semolato

per i gamberoni
4 gamberoni

per l'oshi zushi
250 g di sumeshi
4 foglie di shiso
1 foglio di alga nori
qb foglie di bambù

per la finitura
15 g di ikura

PER IL SALMONE MARINATO

Salare il filetto di salmone, lasciar riposare per 30 minuti e asciugare con della carta da cucina.
Amalgamare tutti i condimenti in una bacinella e marinare il salmone per 60 minuti.
Scolare e asciugare con della carta da cucina.
Eliminare la pelle e tagliare il salmone marinato a fette di 5 mm di spessore.

PER I GAMBERONI

Inserire uno stecco nei gamberoni dalla testa alla coda.
In una pentola, cuocere per 5 minuti in acqua bollente salata. Lasciar raffreddare a temperatura ambiente.
Togliere lo stecco, sgusciare e aprire a metà incidendo il ventre con il coltello.
Eliminare l'intestino.

PER L'OSHI ZUSHI

Collocare sulla base dello stampo una foglia di bambù.
Stendere le fette di salmone marinato e i gamberoni.
Ricoprire con foglie di shiso. Stendere metà quantità del sumeshi e pressare leggermente.
Inserire nell'apposito stampo l'alga nori tagliata a misura.
Aggiungere lo strato di sumeshi rimasto e ricoprire con una foglia di bambù. Pressare leggermente.
Estrarre delicatamente lo stampo, eliminare le foglie di bambù e tagliare in 6 fette.

PER LA FINITURA

In un piatto da portata, adagiare le fette di oshi zushi.
Aggiungere l'ikura.

鯖寿司 SABA ZUSHI

È un tradizionale tipo di sushi tipico di Kyoto. *Saba* è lo sgombro, *shime* deriva dal verbo *shimeru,* che significa "mettere sottosale e sottaceto", metodi con cui in antichità veniva conservato e trasportato il pesce dal mare al centro abitato.

per lo shime saba

1 sgombro da 500 g
qb sale
500 g di aceto di riso

per lo shiraita kombu

1 foglio di shiraita kombu
50 g di aceto di riso
50 g di acqua naturale
45 g di zucchero semolato

per il saba zushi

300 g di sumeshi
qb gari

per la finitura

2 foglie di bambù
qb tsuke joyu

PER LO SHIME SABA

Pulire, sfilettare e spinare lo sgombro.
Salare leggermente il filetto di sgombro e lasciar riposare per 1 ora. Risciacquare in acqua fredda e asciugare con della carta da cucina.
Deporre il filetto di sgombro su una placca e ricoprirlo con l'aceto di riso. Lasciar marinare per 15 minuti.
Scolare e asciugare con della carta da cucina.
Eliminare la spina addominale, le spinette e la pelle.

PER LO SHIRAITA KOMBU (SFOGLIA DI ALGA KOMBU MARINATA)

In una pentola, portare a bollore tutti i condimenti.
Aggiungere lo shiraita kombu e cuocere per 3-5 minuti.
Lasciar raffreddare a temperatura ambiente.

PER IL SABA ZUSHI

Stendere lo shime saba sul tappeto di bambù
e aggiungere il gari sulla superficie.
Ricoprire con uno strato di circa 150 g di sumeshi.
Con l'aiuto del tappeto di bambù, cominciare
ad arrotolare, liberando di volta in volta l'estremità del tappeto di bambù e premendo leggermente con le dita.
Una volta arrotolato, modellare il rotolo uniformemente nel senso della lunghezza. Ricoprire il rotolo
con lo shiraita kombu e tagliare in 8 fette.

PER LA FINITURA

In un piatto da portata, servire il saba zushi
su una foglia di bambù.
Accompagnare con lo tsuke joyu in una ciotola.

TEMAKI ZUSHI

手巻き寿司

Tipo di sushi arrotolato a mano nell'alga nori, senza l'aiuto del tappeto di bambù. Nasce nel 1971 a Tokyo, nel celebre mercato del pesce di Tsukiji. Dagli anni '80 diventa un sushi molto popolare da realizzare comodamente anche a casa e assume la caratteristica forma di cono.

per il temaki zushi
di tonno

1 foglio di alga nori
30 g di filetto di tonno fresco
2 foglie di shiso
80 g di sumeshi
qb wasabi grattugiato
qb semi di sesamo bianco
e nero tostati

per il temaki zushi
di gamberoni

1 foglio di alga nori
2 gamberoni
2 foglie di shiso
80 g di sumeshi
qb wasabi grattugiato

per il temaki zushi
di salmone

1 foglio di alga nori
30 g di filetto di salmone
2 foglie di shiso
80 g di sumeshi
qb wasabi grattugiato
20 g di ikura

per la finitura
qb tsuke joyu
qb gari

PER IL TEMAKI ZUSHI DI TONNO

Tagliare il filetto di tonno fresco a fette di circa 3 mm di spessore. Tagliare il foglio di alga nori a metà e su ciascuna metà stendere 40 g di sumeshi. Strisciare una leggera quantità di wasabi e ricoprire con una foglia di shiso. Aggiungere le fette di tonno e arrotolare a forma di cono. Spolverare con semi di sesamo bianco e nero tostati.

PER IL TEMAKI ZUSHI DI GAMBERONI

Inserire uno stecco nei gamberoni, dalla testa alla coda. In una pentola, cuocere per 5 minuti in acqua bollente salata. Lasciar raffreddare a temperatura ambiente. Togliere lo stecco, sgusciare e aprire a metà incidendo il ventre con il coltello. Eliminare l'intestino. Tagliare il foglio di alga nori a metà e su ciascuna metà stendere 40 g di sumeshi. Strisciare una leggera quantità di wasabi e ricoprire con una foglia di shiso. Aggiungere i gamberoni cotti e arrotolare a forma di cono.

PER IL TEMAKI ZUSHI DI SALMONE

Eliminare la pelle del filetto di salmone e tagliare a cubetti di 7 mm. Tagliare il foglio di alga nori a metà e su ciascuna metà stendere 40 g di sumeshi. Strisciare una leggera quantità di wasabi e ricoprire con una foglia di shiso. Aggiungere i cubetti di salmone e arrotolare a forma di cono. Completare con l'ikura.

PER LA FINITURA

In un piatto da portata, adagiare il temaki zushi. Accompagnare con il gari e lo tsuke joyu in una ciotola.

手まり寿司 TEMARI ZUSHI

Questo tipo di sushi, da gustare in un boccone, nasce a Kyoto. La sua caratteristica forma sferica deriva dal *temari*, una tradizionale palla da gioco ricamata oggi ritenuta un oggetto ornamentale. Il temari zushi si consuma spesso in occasione di festività come il Kodomo no hi, il 5 maggio, festa dei bambini, o il Tanabata Matsuri, il 7 luglio, festa delle stelle e dei desideri.

per il temari zushi di tonno

40 g di filetto di tonno fresco
4 fette di cetriolo
60 g di sumeshi
qb wasabi grattugiato
qb semi di sesamo bianco tostati

per il temari zushi di salmone

40 g di filetto di salmone
1 foglia di shiso
60 g di sumeshi
qb wasabi grattugiato

per il temari zushi di dentice

40 g di filetto di dentice
60 g di sumeshi
qb wasabi grattugiato
qb scorza di limone

per il temari zushi di gamberone

1 gamberone
60 g di sumeshi
qb wasabi grattugiato

PER IL TEMARI ZUSHI DI TONNO

Tagliare il filetto di tonno fresco a fette.
Prendere circa 30 g di sumeshi con la mano destra e formare una pallina. Su della pellicola trasparente da cucina, adagiare una fetta di tonno fresco, le fette di cetriolo, una punta di wasabi e la pallina di sumeshi. Con l'aiuto della pellicola, richiudere formando una pallina. Togliere la pellicola e spolverare la superficie del temari zushi con i semi di sesamo bianco tostati.

PER IL TEMARI ZUSHI DI SALMONE

Eliminare la pelle del filetto di salmone e tagliare a fette. Procedere come descritto, utilizzando una fetta di salmone e mezza foglia di shiso.

PER IL TEMARI ZUSHI DI DENTICE

Eliminare la pelle del filetto di dentice e tagliare a fette. Procedere come descritto, utilizzando una fetta di dentice. Togliere la pellicola e aggiungere sulla superficie del temari zushi la scorza di limone tagliata finemente a julienne.

PER IL TEMARI ZUSHI DI GAMBERONE

Inserire uno stecco nel gamberone dalla testa alla coda. In una pentola, cuocere per 5 minuti in acqua bollente salata. Lasciar raffreddare a temperatura ambiente. Togliere lo stecco, sgusciare e aprire il gamberone a metà incidendo il ventre con il coltello. Eliminare l'intestino e tagliare a metà. Procedere come descritto, utilizzando metà gamberone.

PER IL TEMARI ZUSHI DI UOVA

In una bacinella, amalgamare l'uovo con il sale, lo zucchero
e il sake. In una padella calda leggermente oliata, versare
uniformemente un sottile strato di miscela all'uovo.
Cuocere la crespella da entrambi i lati e lasciar raffreddare
a temperatura ambiente. Formare una pallina con 30 g di
sumeshi e avvolgerla con la crespella ritagliata a forma di
rettangolo da 20 cm di lunghezza e 4 cm di larghezza.
Completare con l'ikura.

PER LA FINITURA

In un piatto da portata, adagiare il temari zushi.
Accompagnare con il gari e lo tsuke joyu in una ciotola.

per il temari zushi
di uova

1 uovo
0,5 g di sale
5 g di zucchero semolato
3,75 g di sake
60 g di sumeshi
15 g di ikura
qb olio di semi

per la finitura
qb tsuke joyu
qb gari

裏巻き URA MAKI

Questo tipo di sushi nasce nel 1963 in America, nella Little Tokyo di Los Angeles. All'epoca gli occidentali non apprezzavano molto il rivestimento di alga nori scuro all'esterno, per cui la comunità giapponese introdusse una versione di rotolo di sushi lavorato "al contrario" in cui l'alga rimaneva all'interno e il riso bianco all'esterno.

per i gamberoni
4 gamberoni

per l'ura maki
1 foglio di alga nori
60 g di filetto di tonno fresco
⅛ di cetriolo
200 g di filetto di salmone
200 g di sumeshi
qb wasabi grattugiato
40 g di ikura

per la finitura
qb tsuke joyu
qb gari

PER I GAMBERONI
Eliminare l'intestino dei gamberoni.
Inserire uno stecco nei gamberoni dalla testa alla coda.
In una pentola, cuocere per 5 minuti in acqua bollente salata. Lasciar raffreddare a temperatura ambiente.
Togliere lo stecco e sgusciare.

PER L'URA MAKI
Tagliare il foglio di alga nori a metà.
Tagliare il filetto di tonno fresco e il cetriolo a forma di bastoncino di 8 mm di diametro e di circa 20 cm di lunghezza.
Posizionare l'alga nori sul tappeto di bambù rivestito di pellicola e stendere 100 g di sumeshi.
Capovolgere il tappeto di bambù in modo che il sumeshi sia posizionato sotto. Strisciare una leggera quantità di wasabi e allineare tutti gli ingredienti al centro dell'alga nori. Arrotolare con l'aiuto del tappeto di bambù.
Eliminare la pelle del filetto di salmone e tagliare a fette di 1-2 mm di spessore.
Adagiare le fette di salmone sul rotolo e modellare con l'aiuto del tappeto di bambù.
Rivestire il rotolo ottenuto con della pellicola trasparente da cucina per favorire il taglio.
Tagliare in 8 fette ed eliminare la pellicola.
Aggiungere l'ikura.

PER LA FINITURA
In un piatto da portata, adagiare l'ura maki.
Accompagnare con il gari e lo tsuke joyu in una ciotola.

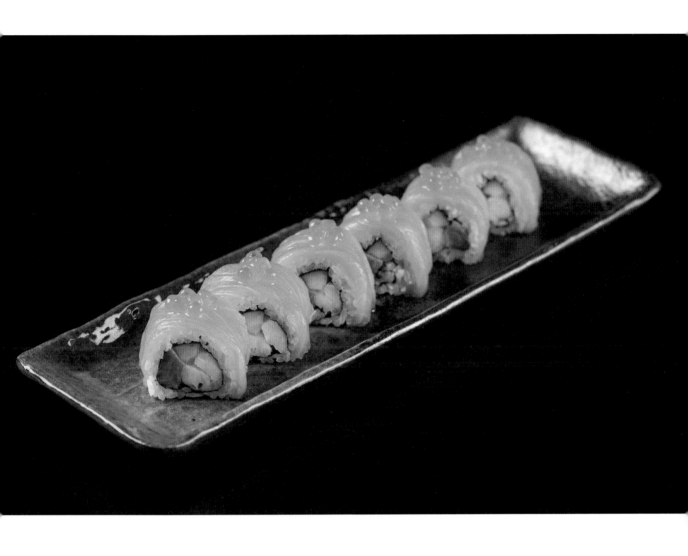

SASHIMI (CRUDO)

刺身

Anticamente, in particolare nel periodo Nara (710-794), si utilizzava il termine *namasu* per indicare il consumo di carne cruda.

Dal periodo Muromachi (1333-1573) il termine si estese al pesce crudo e alle verdure. Successivamente, il termine *namasu* rimase legato soltanto alle verdure, in particolare diventò identificativo di un tipico piatto di Capodanno a base di verdure marinate sottaceto, come testimonia anche l'etimologia del termine *nama*, che significa "cibo crudo", e *su*, che significa "aceto".

Sempre nel periodo Muromachi si usava il termine *kirimi* per indicare fette di pesce tagliate, ma *kiru*, il verbo che significa "tagliare", aveva spesso un'accezione negativa, preferibilmente da evitare in tante occasioni più o meno formali. Con il tempo la parola *kirimi* fu abbandonata e gradualmente sostituita da *sasu* nel Nord del Giappone e *tsukurimi* nel Sud. Da questi termini discende il termine più moderno e conosciuto di *sashimi* a cui, all'epoca, si abbinavano spesso i condimenti utilizzati per il *namasu*, come l'aceto allo zenzero o alla senape oppure l'*irizake* (sake aromatizzato al katsuobushi e umeboshi). Nel corso del periodo Muromachi dunque, con il termine *sashimi* ci si riferiva alla carne di manzo o di cavallo e al pesce crudo, con il termine *namasu* si faceva riferimento esclusivamente alle verdure.

Nel successivo periodo Edo (1603-1868), sushi e sashimi di pesce pescato nel golfo della città di Edo, l'attuale Tokyo, diventano molto popolari e contestualmente aumentano la produzione e il commercio della salsa di soia, abbinamento classico che permane ancora oggi.

Prima del periodo Edo si mangiava prevalentemente pesce di acqua dolce, non di mare. Lo sviluppo del consumo di pesce crudo nel golfo di Edo, oltre a favorire nuove combinazioni alimentari, permise di perfezionare anche alcune tecniche di pesca e di trattamento del pesce, efficaci ancora oggi.

La tecnica *ikejime*, nata appunto nel periodo Edo e ancora oggi ampiamente utilizzata, consiste nell'infliggere al pesce una morte istantanea, tramite un ago d'acciaio, così da ridurre al minimo la sofferenza dell'animale e, al contempo, conservare intatti il gusto e il sapore naturale della polpa, adatta alla preparazione di sushi e sashimi. Questa è da considerarsi la tecnica più corretta ed etica da effettuare sul pesce, e inoltre minore è il trauma che si infligge al pesce prima e durante la macellazione, maggiore è la qualità della sua carne. Si incidono testa e coda, poi si neutralizza il sistema nervoso del pesce inserendo un ago sottile lungo il cavo del midollo spinale. Attraverso l'inserimento dell'ago rapidamente e direttamente nella spina centrale, viene causata l'immediata morte cerebrale del pesce, ma il corpo continua a funzionare. In questo modo il pesce resta fresco più a lungo e non subisce il processo di degradazione rapida che si verifica invece con la tecnica *nojime*.

Questo secondo procedimento prevede invece che, dopo averlo pescato, si depositi il pesce vivo su ghiaccio o in acqua ghiacciata. L'animale in questo caso patisce una morte lenta, le sue carni tendono a irrigidirsi e a subire lesioni muscolari, con conseguente principio di deterioramento rapido della polpa. Questo metodo, oltre a comportare una notevole perdita del sapore del pesce, è anche causa di una sofferenza inutile per l'animale.

Tsukij Fish Market di Tokyo.

Il sashimi moderno si abbina principalmente al *sashimi joyu* e a una varietà di accompagnamenti classici della cucina giapponese, nell'insieme definiti **ashirai**, tra cui lo *tsuma* e lo *yakumi*:

■ lo **tsuma** comprende tutti gli accompagnamenti vegetali a base di alghe, verdure selvatiche, erbe di montagna o germogli, trattati ciascuno in modo diverso a seconda del grado di piccantezza, dell'odore o dell'acidità. Lo tsuma comprende inoltre il *ken*, verdure tagliate finissime tramite un'apposita tecnica e rese croccanti in acqua fredda.

■ lo **yakumi** è l'insieme dei condimenti per far risaltare il sapore del piatto o per aggiungere un buon aroma, come il wasabi, lo zenzero, le umeboshi, ingredienti lavorati secondo vari metodi, grattugiati, tagliati finemente o ridotti in salsa.

Oltre al *sashimi joyu*, si abbinano al sashimi altri tipi di accompagnamento come l'*irizake* (sake aromatizzato al katsuobushi e umeboshi), il *tosa joyu*, la salsa ponzu (a base di agrumi giapponesi), il *sumiso* (sal-

Tai (*Pagrus major* o pagro maggiore).

sa a base di miso e aceto di riso), oppure il semplice sale.

Il metodo di presentazione del sashimi si definisce **tsukuri** (dal termine *tsukuru*, che significa costruire), deriva dall'antico termine *tsukurimi* usato nel Sud del Giappone nel periodo Muromachi (1333-1573) ed è caratterizzato da un impiattamento artistico, sofisticato ed elegante, composto da pesce tagliato perfettamente e accompagnato da *ashirai*.

平造り HIRA ZUKURI

È la forma più comune di *tsukuri,* ovvero il metodo di impiattare e tagliare a regola d'arte il pesce per sashimi, in questo caso a fette regolari, di circa 1 centimetro di spessore. Si utilizza questo metodo principalmente con il tonno, il tonnetto striato e la ricciola, e in generale con tutta la categoria di pesce azzurro, caratterizzato da una polpa piuttosto morbida.

per l'hira zukuri
200 g di filetto
di tonno fresco

PER L'HIRA ZUKURI
Tagliare il filetto di tonno fresco a fette
di 7 mm di spessore.

per il ken
100 g di daikon
qb acqua naturale

PER IL KEN (VERDURA TAGLIATA FINEMENTE A JULIENNE
RESA CROCCANTE IN ACQUA FREDDA)
Tagliare un trancio di daikon di 6 cm di lunghezza
e sbucciarlo.
Continuare a pelare il trancio di daikon finemente
con il coltello fino al cuore, ottenendo una sfoglia sottile.
Tagliare la sfoglia ottenuta finemente a julienne.
Mettere in acqua naturale fredda per qualche minuto
affinché diventi croccante e scolare.

per la finitura
2 foglie di shiso verde
qb germogli di shiso rosso
qb tsuke joyu
qb wasabi grattugiato

PER LA FINITURA
In un piatto da portata, disporre il ken di daikon,
la foglia di shiso verde e i germogli di shiso rosso.
Adagiare l'hira zukuri di tonno.
Accompagnare con il wasabi grattugiato
e lo tsuke joyu in una ciotola.

薄造り USU ZUKURI

Sogi zukuri è il metodo di taglio per sashimi a fette sottili di 3 mm di spessore. Si utilizza con il pesce bianco dalla consistenza muscolosa. In particolare, si definisce *usu zukuri* il taglio a fette di 1 mm di spessore, applicato in Giappone per il pesce palla e il rombo.

per il kobujime
200 g di filetto di rombo
2 fogli di alga kombu

per il momiji oroshi
100 g di daikon
3 peperoncini rossi

per la finitura
2 foglie di shiso verde
2 fette di sudachi
qb erba cipollina
qb tsuke joyu

PER IL KOBUJIME (FILETTO DI PESCE MARINATO CON ALGA KOMBU)
Eliminare la pelle del filetto di rombo, salare leggermente e lasciar riposare per 30-60 minuti per eliminare l'umidità in eccesso. Asciugare con della carta da cucina. In una placca, disporre un foglio di alga kombu, adagiare il filetto di rombo spennellato con aceto di riso e ricoprire con un altro foglio di alga kombu.
Poggiare sopra una seconda placca contenente un peso e lasciar marinare il pesce nell'alga kombu per 3-4 ore. Prelevare il pesce e asciugare con della carta da cucina. Tagliare il rombo a fette di 1-2 mm di spessore.

PER IL MOMIJI OROSHI (DAIKON GRATTUGIATO PICCANTE)
Tagliare un trancio di daikon, sbucciare.
Effettuare tre fori sul trancio di daikon con l'aiuto di una bacchetta.
Inserire i peperoncini rossi nei fori ottenuti e grattugiare.
Strizzare ed eliminare l'acqua in eccesso.

PER LA FINITURA
In un piatto da portata, adagiare il kobujime di rombo.
Disporre una foglia di shiso verde, una fetta di sudachi e l'erba cipollina tagliata a tocchetti di 3cm.
Accompagnare con il momiji oroshi e lo tsuke joyu in una ciotola.

花造り HANA ZUKURI

Metodo di taglio per sashimi a fette sottili di 3 mm di spessore, disposte nel piatto a forma di fiore, che in giapponese si dice *hana*.

per l'hana zukuri
200 g di filetto di salmone
1 pomodoro ramato

per il kikka daikon
qb daikon
qb cetriolo
qb sale
qb acqua naturale

per lo yuzu ponzu
20 g di salsa di soia
20 g di succo di yuzu
1,5 g di alga kombu
3 g di katsuobushi

per la finitura
2 foglie di shiso verde

PER L'HANA ZUKURI
Eliminare la pelle del filetto di salmone e tagliare a fette di 3 mm di spessore.
Tagliare il pomodoro ramato a fette molto sottili.
Disporre le fette di salmone e di pomodoro a forma di fiore.

PER IL KIKKA DAIKON (DAIKON A FORMA DI CRISANTEMO)
Tagliare il daikon e il cetriolo a tranci di 6 cm di lunghezza e sbucciarli. Continuare a pelare i tranci di daikon e di cetriolo finemente con il coltello fino al cuore, ottenendo delle sfoglie sottili.
Lasciar ammorbidire nell'acqua salata per qualche minuto e scolare.
Stendere la sfoglia di cetriolo sulla sfoglia di daikon.
Ripiegare, incidere diagonalmente tutta la lunghezza del lato ripiegato, arrotolare e formare un fiore.

PER LO YUZU PONZU (SALSA DI SOIA AROMATIZZATA ALLO YUZU)
In una bacinella, unire e lasciar marinare tutti gli ingredienti per 3 giorni in frigorifero.
Filtrare il composto marinato con un passino.

PER LA FINITURA
In un piatto da portata, adagiare l'hana zukuri di salmone e di pomodoro. Disporre accanto il kikka daikon.
Versare lo yuzu ponzu, accompagnare con una foglia di shiso verde.

鳴門造り NARUTO ZUKURI

Metodo di taglio per sashimi a fette sottili, da farcire e avvolgere in una forma definita "a vortice", ad esempio nel caso di un calamaro ricoperto di foglie di shiso e alga nori, poi arrotolato e affettato.

per il naruto zukuri

2 calamari
3 fogli di alga nori
6 foglie di shiso

per il ken

70 g di daikon
30 g di cetriolo
qb acqua naturale

per la finitura

qb tsuke joyu
qb wasabi grattugiato

PER IL NARUTO ZUKURI

Pulire i calamari e incidere la polpa con il coltello in senso verticale a distanza di 3 mm.
Adagiare l'alga nori e le foglie di shiso sulla polpa dei calamari incisi.
Arrotolare e tagliare a tranci di 2 cm.

PER IL KEN (VERDURA TAGLIATA FINEMENTE A JULIENNE RESA CROCCANTE IN ACQUA FREDDA)

Tagliare il daikon e il cetriolo a tranci di 6 cm di lunghezza e sbucciarli.
Continuare a pelare i tranci di daikon e di cetriolo finemente con il coltello fino al cuore, ottenendo delle sfoglie sottili.
Tagliare le sfoglie ottenute finemente a julienne.
Mettere in acqua naturale fredda per qualche minuto affinché diventino croccanti e scolare.

PER LA FINITURA

In un piatto da portata, disporre il ken di daikon e di cetriolo.
Adagiare il naruto zukuri di calamaro.
Accompagnare con il wasabi grattugiato e lo tsuke joyu in una ciotola.

皮霜造り KAWASHIMO ZUKURI

Kawashimo deriva dal termine *kawa* che significa "pelle" e *shimo* che significa "brina". L'effetto ottenuto da questa tecnica di lavorazione, che consiste nel versare acqua bollente sulla pelle del pesce, ricorda infatti l'effetto cangiante della brina. Una volta raffreddato, si procede al taglio del pesce, conservando intatta la pelle scottata.

per il kawashimo zukuri
200 g di filetto di dentice

per le alghe
3 g di alghe miste essiccate
qb acqua naturale

per la finitura
2 foglie di shiso rosso
qb di germogli rossi
di daikon
qb tsuke joyu
qb wasabi grattugiato

PER IL KAWASHIMO ZUKURI
Incidere la pelle del filetto di dentice e stendere su una griglia.
Versare dell'acqua bollente sulla pelle del dentice.
Lasciar raffreddare in acqua fredda con ghiaccio.
Scolare e asciugare con della carta da cucina.
Tagliare a fette di 3 mm di spessore.

PER LE ALGHE
Lasciar reidratare le alghe miste essiccate in acqua naturale fredda per qualche minuto e scolare.

PER LA FINITURA
In un piatto da portata, disporre le alghe miste, una foglia di shiso rosso e i germogli rossi di daikon.
Adagiare il kawashimo zukuri di dentice.
Accompagnare con il wasabi grattugiato e lo tsuke joyu in una ciotola.

洗い造り ARAI ZUKURI

Metodo per eliminare il grasso in eccesso del pesce e rendere turgida la polpa tramite il passaggio in acqua ghiacciata del filetto tagliato finemente.

per l'arai zukuri
200 g di filetto di branzino

per lo yori hatsuka daikon
1 ravanello
qb acqua naturale

per il bainiku joyu
8 umeboshi
10 g di salsa di soia
20 g di sake
20 g di mirin

per la finitura
2 foglie di bambù
2 foglie di shiso verde
2 fette di sudachi

PER L'ARAI ZUKURI
Eliminare la pelle del filetto di branzino
e tagliare a fette di 3 mm di spessore.
Sciacquare le fette di branzino in acqua fredda
con ghiaccio.
Scolare e asciugare con della carta da cucina.

PER LO YORI HATSUKA DAIKON (RICCIOLO DI RAVANELLO)
Pelare il ravanello finemente con il coltello fino al cuore.
Tagliare finemente la sfoglia di ravanello in senso
trasversale. Mettere in acqua naturale fredda
per qualche istante e scolare.
Arrotolare a spirale intorno a una bacchetta.

PER IL BAINIKU JOYU (SALSA DI UMEBOSHI)
Snocciolare e tritare l'umeboshi, pestare in un mortaio.
In una pentola, versare il sake e il mirin.
Portare a bollore per far evaporare l'alcool,
lasciar raffreddare e aggiungere il pesto di umeboshi
e la salsa di soia.

PER LA FINITURA
In un piatto da portata, disporre una foglia di bambù
e una foglie di shiso verde.
Adagiare l'arai zukuri di branzino e lo yori hatsuka
daikon. Completare con una fetta di sudachi
e il bainiku joyu in una ciotola.

〆さば SHIME SABA

Appartiene alla categoria del *kizushi*, il pesce marinato sottaceto secondo un antico metodo di conservazione. Per lo shime saba si utilizza lo sgombro che viene marinato in aceto di riso.

per lo shime saba
1 sgombro da 500 g
qb sale
500 g di aceto di riso

per il ken
70 g di cetriolo
30 g di myoga
qb acqua naturale

per la finitura
qb tsuke joyu
qb zenzero grattugiato

PER LO SHIME SABA

Pulire, sfilettare e spinare lo sgombro.
Salare leggermente il filetto di sgombro e lasciar riposare per 1 ora. Risciacquare in acqua fredda e asciugare con della carta da cucina.
Deporre il filetto di sgombro su una placca e ricoprirlo con l'aceto di riso. Lasciar marinare per 15 minuti.
Scolare e asciugare con della carta da cucina.
Eliminare la spina addominale, le spinette e la pelle.
Tagliare a fette di 3 mm di spessore.

PER IL KEN (VERDURA TAGLIATA FINEMENTE A JULIENNE RESA CROCCANTE IN ACQUA FREDDA)

Tagliare un trancio di cetriolo di 6 cm di lunghezza, e sbucciarlo. Continuare a pelare il trancio di cetriolo finemente con il coltello fino al cuore, ottenendo una sfoglia sottile.
Tagliare la sfoglia ottenuta finemente a julienne.
Tagliare il myoga finemente a julienne.
Mettere le verdure tagliate in acqua naturale fredda per qualche minuto affinché diventino croccanti e scolare.

PER LA FINITURA

In un piatto da portata, disporre il ken di cetriolo e di myoga. Adagiare lo shime saba di sgombro.
Accompagnare con lo zenzero grattugiato e lo tsuke joyu in una ciotola.

焼霜造り YAKISHIMO ZUKURI

Detto anche *aburi,* è il metodo di scottare la superficie della pelle del pesce con il fuoco prima di tagliarlo a fette. Tale metodo di scottatura consente di valorizzare la pelle del pesce, una delle parti più saporite da gustare.

per lo yakishimo zukuri
200 g filetto di ricciola
2 foglie di bambù

per il ken
70 g di daikon
30 g di carota
qb acqua naturale

per la finitura
2 foglie di shiso verde
2 fette di limone
20 g di ikura
qb tsuke joyu
qb wasabi grattugiato

PER LO YAKISHIMO ZUKURI
Eliminare la pelle del filetto di ricciola e tagliare
a fette di 3 mm di spessore.
Appoggiare le fette di ricciola su una foglia di bambù
posizionata su cubetti di ghiaccio.
Scottare la superficie della ricciola dalla parte
della pelle con un cannello.

PER IL KEN (VERDURA TAGLIATA FINEMENTE A JULIENNE
RESA CROCCANTE IN ACQUA FREDDA)
Tagliare il daikon e la carota a tranci di 6 cm
di lunghezza e sbucciarli.
Continuare a pelare i tranci di daikon e di carota
finemente con il coltello fino al cuore, ottenendo
delle sfoglie sottili.
Tagliare le sfoglie ottenute finemente a julienne.
Mettere in acqua naturale fredda per qualche minuto
affinché diventino croccanti e scolare.

PER LA FINITURA
In un piatto da portata, disporre il ken di daikon
e di carota, una foglia di shiso verde e una fetta di limone.
Trasferire la foglia di bambù con lo yakishimo zukuri
di ricciola e aggiungere l'ikura.
Accompagnare con il wasabi grattugiato
e lo tsuke joyu in una ciotola.

たたき TATAKI

Detto anche *tosa zukuri*, è un piatto tipico della prefettura di Kochi in cui il pesce viene tradizionalmente infilzato con degli spiedi e scottato su una brace di paglia di riso, quindi lasciato raffreddare e tagliato a fette regolari. Il termine *tataki* significa etimologicamente "picchiettare" e deriva dall'azione di cospargere il condimento sul pesce prima o dopo la cottura.

per il tataki
200 g di filetto di tonno fresco

per il sudachi ponzu
20 g di salsa di soia
20 g di succo di sudachi
1,5 g di alga kombu
3 g di katsuobushi

per il ken
50 g di myoga
50 g di cipollotto
qb acqua naturale

per le chips croccanti di aglio
1 spicchio di aglio
qb olio di semi

per la finitura
qb germogli verdi di daikon
5 g di zenzero grattugiato

PER IL TATAKI
Inserire gli spiedi d'acciaio nel filetto di tonno fresco.
Accendere un fornello a carbone vegetale, alimentando la fiamma con paglia di riso.
Scottare il pesce da entrambi i lati per pochi secondi.
Togliere gli spiedi, lasciar raffreddare prima di tagliare a fette di 7 mm di spessore.

PER IL SUDACHI PONZU (SALSA DI SOIA AROMATIZZATA AL SUDACHI)
In una bacinella, lasciar marinare tutti gli ingredienti per 3 giorni in frigorifero.
Filtrare il composto marinato con un passino.

PER IL KEN (VERDURA TAGLIATA FINEMENTE A JULIENNE RESA CROCCANTE IN ACQUA FREDDA)
Tagliare il myoga e il cipollotto finemente a julienne.
Mettere in acqua naturale fredda per qualche minuto affinché diventino croccanti e scolare.

PER LE CHIPS CROCCANTI DI AGLIO
Sbucciare l'aglio, tagliare a lamelle e privarle dell'anima.
Friggere a 170 °C per qualche minuto fino a ottenere la doratura desiderata e scolare su della carta da cucina.

PER LA FINITURA
In un piatto da portata, disporre il ken e i germogli verdi di daikon. Adagiare il tataki di tonno.
Accompagnare con le chips croccanti di aglio, lo zenzero grattugiato e il sudachi ponzu in una ciotola.

DASHI (BRODO)

出汁

Il dashi, il brodo tradizionale giapponese, è uno degli elementi fondamentali di questa cucina, necessario in molte preparazioni.

Per ottenere il dashi occorrono alcuni ingredienti principali come il katsuobushi (fiocchi di tonnetto striato essiccato) e l'alga kombu. In base al gusto personale o alla tradizione locale, possono essere aggiunti anche altri ingredienti essiccati, come funghi shiitake (*hoshi-shiitake*), acciughe (*niboshi*), sgombro (*sababushi*), tonno (*shibibushi*), sugarello (*ajibushi*).

Il dashi introduce il concetto di *umami*, gusto che si aggiunge a quelli primari ufficialmente riconosciuti: dolce (*amami*), acido (*sanmi*), salato (*enmi*) e amaro (*nigami*). L'umami fu individuato per la prima volta nel 1908 da uno scienziato giapponese, Kikunae Ikeda, professore di chimica presso l'Università Imperiale di Tokyo, il quale rilevò molecole correlate al gusto del sapido analizzando un brodo di alghe. Nel 1913 fu rilevata una componente di umami anche nel katsuobushi e nel 1957 nei funghi shiitake. Nel 2000 è stata riconosciuta scientificamente la capacità di percepire questo gusto su tutte le cellule sensoriali della lingua, dimostrando definitivamente l'esistenza dell'umami.

L'umami, secondo la definizione ufficiale dell'Umami Information Center, si identifica con il sapido (da non confondersi con il salato), gusto intenso e piacevole, derivante dal glutammato e da diversi ribonucleotidi, tra cui inosinato e guanilato, elementi presenti naturalmente nella carne, nel pesce, nella verdura e nei prodotti lattiero-caseari.

È stato provato che quando gli ingredienti con componenti umami coesistono negli alimenti, la percezione del gusto non si addiziona, ma si moltiplica fino a sette, otto volte di più rispetto a quando si assumono singolarmente. Tale processo si definisce "effetto sinergico" dell'umami. La maestria degli equilibri, di combinare elementi come katsuobushi, kombu o shiitake che potenziano la percezione del gusto, è da sempre il fattore identificativo dell'arte culinaria giapponese.

出汁 DASHI

Il dashi è il tradizionale brodo di pesce giapponese, limpido e trasparente, la base principale per numerose preparazioni, cotture e condimenti. È un elemento che non può mancare nella cucina giapponese, ricco di sapidità, gusto intenso e portatore di quello che viene definito il quinto gusto, l'umami.

per il dashi
1 kg di acqua naturale
20 g di alga kombu
40 g di katsuobushi

PREPARAZIONE

In una pentola, versare l'acqua naturale, aggiungere l'alga kombu e lasciar riposare per 30 minuti. Portare a bollore.
Aggiungere il katsuobushi e lasciar riposare per 10 minuti affinché tutti gli ingredienti si depositino sul fondo.
Filtrare il brodo con un passino rivestito di sarashi.

1. Grattugiare il katsuobushi e ottenere fiocchi della dimensione desiderata.

2. In una pentola (*yukihira*), portare a bollore l'acqua con l'alga kombu.

3. Aggiungere i fiocchi di katsuobushi.

4. Filtrare il brodo.

お吸い物 OSUIMONO

Nella cucina giapponese, appartiene alla categoria delle zuppe. Si prepara con il brodo dashi condito con sale e salsa di soia in cui vengono inseriti vari ingredienti come pesce, carne e verdure, aromatizzato con agrumi come lo yuzu, foglie di sansho, il pepe giapponese, oppure radici balsamiche come zenzero o wasabi.

per il dashi
500 g di dashi
5 g di salsa di soia
2,5 g di sake
qb sale

per il nanohana
2 rametti di nanohana

per l'osuimono
100 g di tofu
2 funghi shiitake freschi
30 g di kamaboko

per la finitura
qb scorza di yuzu

PER IL DASHI
In una pentola, portare a bollore il dashi
e aggiungere i condimenti.
Lasciar evaporare l'alcool per qualche minuto.

PER IL NANOHANA
In una pentola, lessare il nanohana per qualche minuto in acqua bollente salata.
Scolare e lasciar raffreddare a temperatura ambiente.

PER L'OSUIMONO
Tagliare il tofu a cubi di 5 cm.
Pulire i funghi shiitake ed eliminare il gambo.
Con il coltello, incidere a croce il centro del cappello dei funghi.
Tagliare il kamaboko a fette di 5 mm di spessore.
In una pentola, unire il dashi, il tofu, i funghi shiitake e il kamaboko. Cuocere per 3-5 minuti fino a cottura ultimata.

PER LA FINITURA
In un piatto da portata, adagiare il tofu, i funghi shiitake e il kamaboko cotti nel dashi.
Aggiungere il nanohana, versare il dashi e completare con la scorza di yuzu.

味噌汁 MISO SHIRU

La zuppa di miso è uno dei piatti principali nell'ambito dell'alimentazione giapponese. Si prepara con il brodo dashi a cui vengono aggiunti ingredienti di stagione e il miso, un condimento tradizionale ottenuto dal processo di fermentazione di un composto a base di fagioli di soia e sale.

per le vongole veraci
250 g di vongole veraci
1 kg di acqua naturale
15 g di sale

per il miso shiru
500 g di dashi
25 g di alga wakame fresca
30 g di miso

per la finitura
qb cipollotto

PER LE VONGOLE VERACI
In una bacinella, sciogliere il sale nell'acqua naturale.
Aggiungere le vongole veraci.
Coprire con il coperchio, lasciar spurgare la sabbia dalle vongole per 2 ore a temperatura ambiente.
Risciacquare le vongole veraci con acqua corrente.

PER IL MISO SHIRU (ZUPPA DI MISO)
Portare a bollore il dashi. Aggiungere le vongole veraci pulite e l'alga wakame fresca.
Cuocere per 5 minuti e lasciar aprire le vongole.
Spegnere il fuoco e condire con il miso.

PER LA FINITURA
In un piatto da portata, versare il miso shiru con le vongole e l'alga wakame.
Completare con il cipollotto tagliato a rondelle.

潮汁 USHIO JIRU

L'ushio jiru è un piatto che ha avuto origine sui pescherecci durante le navigazioni. Si prepara con il brodo dashi, condito con sale e con l'aggiunta di altri pesci, conchiglie o frutti di mare. Durante l'Hinamatsuri, la festa delle bambine, che si celebra ogni anno il 3 marzo, si consuma una versione tradizionale a base di *hamaguri*, pregiato mollusco giapponese. Così come le due valve del mollusco sono uniche e perfettamente in armonia, così questo piatto dedica a tutte le fanciulle l'augurio di riconoscere l'amore vero.

per il dentice

4 pinne di dentice

per l'ushio jiru

500 g di acqua naturale
2,5 g di salsa di soia
5 g di sake
5 g di alga kombu
qb sale

per la finitura

qb scorza di yuzu

PER IL DENTICE

In una pentola, sbianchire le pinne del dentice
in acqua bollente salata.
Scolare e risciacquare con acqua corrente.

PER L'USHIO JIRU

In una pentola, versare l'acqua naturale, aggiungere
l'alga kombu e lasciare in ammollo per 30 minuti.
Portare a bollore ed eliminare l'alga kombu.
Aggiungere le pinne di dentice.
Cuocere per 15 minuti, condire con la salsa di soia,
il sake e il sale. Lasciar evaporare l'alcool
per qualche minuto.

PER LA FINITURA

In un piatto da portata, adagiare le pinne di dentice
e versare il brodo di cottura.
Aggiungere la scorza di yuzu tagliata finemente
a julienne.

雑煮 ZONI

Piatto tradizionale consumato durante l'Oshogatsu, la festività di Capodanno. Ha origine nel periodo Muromachi (1336-1573) e ne esistono diverse varietà. Si prepara con il brodo dashi condito con salsa di soia o miso. Il principale ingrediente è il mochi, semplice o grigliato.

per il dashi
500 g di dashi
25 g di salsa di soia
20 g di sake
20 g di mirin
qb sale

per gli spinaci
30 g di spinaci

per il mochi
2 mochi

per lo zoni
100 g di coscia
di pollo disossato
2 gamberoni

per la finitura
20 g di ikura
qb scorza di yuzu

PER IL DASHI
In una pentola, portare a bollore il dashi
e aggiungere i condimenti.
Lasciar evaporare l'alcool per qualche minuto.

PER GLI SPINACI
In una pentola, lessare gli spinaci per 1 minuto
in acqua bollente salata. Scolare e lasciar raffreddare
in acqua e ghiaccio. Scolare, strizzare e tagliare
a tocchetti di 5 cm.

PER IL MOCHI
Grigliare il mochi da entrambi i lati fino a ottenere
la doratura desiderata.

PER LO ZONI
Tagliare la coscia di pollo a cubetti di 2 cm.
Eliminare l'intestino dei gamberoni.
In una pentola, versare il dashi e aggiungere i cubetti
di coscia di pollo.
Cuocere per 10 minuti, aggiungere i gamberoni
e continuare la cottura per 5 minuti.
Sgusciare i gamberoni.

PER LA FINITURA
In un piatto da portata, adagiare i cubetti di coscia
di pollo, i gamberoni e gli spinaci lessati.
Versare il brodo di cottura.
Adagiare sopra il mochi grigliato.
Accompagnare con l'ikura e la scorza di yuzu
tagliata finemente a julienne.

MUSHIMONO (VAPORE)

蒸物

"Mushimono" è il termine che si riferisce alla categoria del cibo cotto al vapore.

Musu, la cottura a vapore, è una delle tecniche di base della cucina giapponese in cui calore e vapore interagiscono, sapore e valori nutritivi vengono rispettati senza l'aggiunta di grassi e il cibo mantiene i succhi, restando morbido e vellutato.

Questa cottura trae origine dall'antico metodo di cuocere i cibi su fonti termali naturali di acqua calda, di origine vulcanica, ancora oggi attivi in diverse parti del Giappone. Il più tradizionale alimento cotto in acqua calda termale è l'*onsen tamago*. Si posizionano le uova in reti di corda e si immergono nella sorgente naturale che può raggiungere temperature fino a 70 °C. L'uovo risulta cotto fuori e dalla consistenza tenera e fondente all'interno.

Dal periodo Edo (1603-1868), epoca in cui si intensificò lo sviluppo commerciale nazionale, si diffusero anche numerosi centri termali organizzati e questo tipo di cottura divenne molto popolare. Fin dai tempi antichi, l'acqua termale era ampiamente utilizzata per la cura e il benessere del corpo e della mente, e anche oggi la tradizionale usanza di frequentare le terme (*onsen*) è una pratica molto comune fra i giapponesi. L'acqua termale contribuisce anche alle attività di riscaldamento per le abitazioni.

Attualmente in Giappone esistono 3038 forni naturali termali, 27.422 fonti naturali di acqua calda termale e circa 120 vulcani ancora attivi. Sfruttare al meglio l'energia pulita derivante dall'attività geotermica del Giappone, associato a un piano di sviluppo tecnologico sempre crescente, è al centro di numerose ricerche scientifiche, sempre più focalizzate sulla prevenzione, la tutela ambientale e lo sviluppo sostenibile. Tali studi sono uno dei temi di Expo 2025, a Osaka.

Per la cottura al vapore si pone, sopra una pentola di acqua bollente, una vaporiera di bambù chiamata *seiro* in cui si inseriscono gli ingredienti da cuocere.

Esiste una grande varietà di cibi cotti al vapore che si differenziano in base ai condimenti o agli ingredienti presenti:

shiomushi, alimenti cosparsi di sale e cotti al vapore;

sakamushi, alimenti cosparsi di sake e cotti al vapore, metodo adatto per la cottura di molluschi come vongole o abalone;

awayukimushi, pesce ricoperto di albume montato e cotto al vapore;

Suribachi (mortaio tradizionale di ceramica) e *surikogi* (pestello in legno). Nella pagina a fronte, forni geotermici naturali.

kaburamushi, pesce ricoperto di uno strato di rapa bianca grattugiata;

chawanmushi, cottura in ciotola con coperchio, con uova, dashi e ingredienti di stagione;

dobinmushi, cottura in teiera di ceramica con dashi e ingredienti di stagione;

yugamamushi, cottura in un cestino di yuzu scavato e privato della polpa;

shinjo, polpetta a base di *yamaimo* pestato in un tradizionale mortaio di ceramica (*suribachi*), caratterizzato da una superficie interna zigrinata che facilita la triturazione degli alimenti, con l'aiuto dell'apposito pestello in legno (*surikogi*).

sekihan, *mochigome* cotto al vapore con fagioli rossi sasage.

Nella categoria **wagashi** (dolci giapponesi) cotti al vapore, ricordiamo lo *uiro*, un dolce di farina di riso e zucchero, varie tipologie di *manju*, dolcetti a base di farina di riso, grano saraceno e patata giapponese e ripieni di *anko*, una confettura a base di fagioli rossi azuki; infine il *mushiyokan*, un dessert gelatinoso a base di confettura di azuki, zucchero, farina di grano e fecola di *kuzu*.

茶碗蒸し CHAWAN MUSHI

Piatto originario della prefettura di Nagasaki, nella regione del Kyushu, nel Giappone del Sud. Il piatto, a base di uova a cui si aggiungono ingredienti di stagione, è una sorta di budino salato, caratteristico per la sua consistenza particolarmente cremosa e soffice. In estate si può consumare anche freddo.

per la base
del chawan mushi

1 uovo
160 g di dashi
5 g di salsa di soia
3 g di sake
3 g di mirin
qb sale

per il chawan mushi

2 gamberoni
50 g di coscia
di pollo disossato
15 g di shimeji
15 g di enoki

per il gin an

100 g di dashi
7,5 g di salsa di soia
5 g di sake
5 g di mirin
qb sale
qb fecola di patate
qb acqua naturale

per la finitura
qb scorza di arancia

PER LA BASE DEL CHAWAN MUSHI

Frullare tutti gli ingredienti nel mixer.
Filtrare con un passino ed eliminare la schiuma.

PER IL CHAWAN MUSHI

Togliere la testa e il carapace dei gamberoni,
eliminare l'intestino.
Tagliare i gamberoni a metà per il lungo, verticalmente.
Tagliare la coscia di pollo a pezzi di 1 cm.
Pulire i funghi shimeji ed enoki, tagliare a tocchetti di 2 cm.
In una ciotola, inserire tutti gli ingredienti
e versare la base del chawan mushi.
Coprire con il coperchio, cuocere a vapore
per 10-15 minuti.

PER IL GIN AN (SALSA ARGENTO)

In una pentola, portare a bollore il dashi
e aggiungere i condimenti.
Lasciar evaporare l'alcool per qualche minuto.
Addensare la salsa aggiungendo una miscela di fecola
di patate sciolta in acqua naturale.

PER LA FINITURA

In un piatto da portata, deporre la ciotola del chawan
mushi e ricoprire la superficie con il gin an.
Aggiungere la scorza di arancia tagliata finemente
a julienne.

土瓶蒸し DOBIN MUSHI

Il nome del piatto deriva da *dobin*, la tradizionale teiera di ceramica in cui viene cotto. La ricetta è a base di brodo dashi con l'aggiunta di ingredienti di stagione. Per gustare il piatto, si beve inizialmente il brodo dashi versato in un'apposita ciotolina di accompagnamento in cui si può aggiungere succo di agrume, infine si consumano gli altri singoli ingredienti.

per il dashi
500 g di dashi
10 g di salsa di soia
45 g di sake
15 g di mirin
qb sale

per il nanohana
2 rametti di nanohana

per il dobin mushi
80 g di filetto di triglia
2 gamberoni

per la finitura
1 sudachi

PER IL DASHI
In una pentola, portare a bollore il dashi
e aggiungere i condimenti.
Lasciar evaporare l'alcool per qualche minuto.

PER IL NANOHANA
In una pentola, lessare il nanohana per qualche minuto
in acqua bollente salata.
Scolare e lasciar raffreddare a temperatura ambiente.

PER IL DOBIN MUSHI
Tagliare il filetto di triglia a fette di 1,5 cm di spessore.
Eliminare l'intestino dei gamberoni con l'aiuto di uno
stecco di bambù. In una pentola, cuocere per 5 minuti
in acqua bollente salata. Lasciar raffreddare
a temperatura ambiente e sgusciare.
In una teiera giapponese, disporre la triglia,
il gamberone e il nanohana.
Versare il dashi, coprire con il coperchio,
cuocere a vapore per 10 minuti.

PER LA FINITURA
Servire direttamente il dobin mushi.
Accompagnare con una fetta di sudachi.

KABURA MUSHI

蕪
蒸
し

Piatto originario della prefettura di Kyoto è consumato principalmente in inverno, stagione in cui cresce la *kabura*, la tipica rapa bianca giapponese. Tradizionalmente il pesce viene ricoperto da uno strato di rapa bianca grattugiata, a cui si accompagna una salsa addensata a base di brodo dashi.

*per il composto
di rapa bianca*
1 rapa bianca
1 albume
qb sale

per il kabura mushi
200 g di filetto di dentice
2 gamberoni

per lo yuzu an
100 g di dashi
7,5 g di salsa di soia
5 g di sake
5 g di mirin
qb sale
qb scorza di yuzu
qb fecola di patate
qb acqua naturale

per la finitura
qb wasabi grattugiato

PER IL COMPOSTO DI RAPA BIANCA
Sbucciare e tagliare la rapa bianca a julienne.
In una bacinella, montare l'albume a neve
con un pizzico di sale.
Unire la rapa bianca all'albume montato a neve
e amalgamare il composto.

PER IL KABURA MUSHI
Tagliare il filetto di dentice a fette di 2 cm di spessore.
Togliere la testa e il carapace dei gamberoni,
eliminare l'intestino.
Tagliare i gamberoni a metà per il lungo, verticalmente.
In una placca rivestita di carta da forno, appoggiare
il filetto di dentice e i gamberoni.
Ricoprire con il composto di rapa bianca.
Cuocere a vapore per 10 minuti.

PER LO YUZU AN (SALSA ALLO YUZU)
In una pentola, portare a bollore il dashi
e aggiungere i condimenti.
Unire la scorza di yuzu e lasciar evaporare l'alcool
per qualche minuto.
Addensare la salsa aggiungendo una miscela di fecola
di patate sciolta in acqua naturale.

PER LA FINITURA
In un piatto da portata, adagiare il kabura mushi.
Versare lo yuzu an, aggiungere sulla superficie
il wasabi grattugiato.

海老真薯 EBI SHINJO

Il nome di questo piatto si può tradurre come "polpetta di gamberi": *ebi* significa "gambero" e *shinjo* è una tradizionale polpetta a base di *yamaimo*, una tipica patata selvatica giapponese a cui vengono aggiunti pesce o crostacei. L'ebi shinjo, oltre che cotto a vapore, può essere anche lessato o fritto.

per l'ebi shinjo

6 gamberoni interi
30 g di yamaimo grattugiato
20 g di albume
3 g di sake
1 g di succo di zenzero
qb sale
qb olio di semi

per il kuzu an

100 g di dashi
7,5 g di salsa di soia
5 g di sake
5 di mirin
qb sale
qb fecola di kuzu
qb acqua naturale

per la finitura

qb scorza di sudachi

PER L'EBI SHINJO (POLPETTE DI GAMBERONI)
Sgusciare ed eliminare l'intestino dei gamberoni.
Tritare e pestare la polpa dei gamberoni in un mortaio.
Aggiungere e amalgamare tutti gli ingredienti, suddividere in due polpette.
Ritagliare due quadrati di pellicola trasparente da cucina.
Stendere la pellicola, adagiare le polpette e richiudere come un fagottino. Cuocere a vapore per 10 minuti.
Togliere la pellicola e asciugare le polpette con della carta da cucina.
Friggere a 180 °C per 2 minuti fino a ottenere la doratura desiderata. Scolare su carta da cucina.

PER IL KUZU AN (SALSA ADDENSATA CON KUZU)
In una pentola, portare a bollore il dashi e aggiungere i condimenti.
Lasciar evaporare l'alcool per qualche minuto.
Addensare la salsa aggiungendo una miscela di fecola di kuzu sciolta in acqua naturale.

PER LA FINITURA
In un piatto da portata, adagiare l'ebi shinjo fritto e versare il kuzu an.
Completare con la scorza di sudachi tagliata finemente a julienne.

NABEMONO (LESSO)

鍋物

"Nabemono" si riferisce alla categoria del cibo cotto in un'unica pentola (*nabe*) e condiviso.

La pentola viene riempita con semplice acqua o dashi e gli ingredienti, cotti o crudi, vengono aggiunti volta per volta per essere cucinati. La pentola viene collocata su un bruciatore portatile a gas posto al centro della tavola e tutti i commensali cuociono i vari ingredienti in un'atmosfera molto conviviale e informale.

I vari ingredienti vengono presi con le bacchette (*hashi*) e prima di essere gustati possono essere conditi con diversi tipi di salse a base di salsa di soia, miso, agrumi o semi di sesamo. Grazie ai tanti sapori fusi insieme, il dashi diventa sempre più denso e saporito e a fine cottura vengono solitamente aggiunti anche riso e uova, in modo da gustare tutto il pasto fino all'ultimo elemento.

A seconda del tipo di ingrediente da cuocere, si possono usare pentole di diverso materiale, le più tradizionali sono quelle di argilla (*donabe*) e di ferro o ghisa (*tetsunabe*). In epoca moderna sono state introdotte anche pentole di acciaio (*kinzokunabe*), di alluminio (*hakunabe*) oppure composte da una speciale carta artigianale ignifuga che consente la cottura alla stregua di una pentola (*kaminabe*).

Il nabemono si consuma specialmente in inverno e la tradizione richiama il periodo Edo (1603-1868), quando nelle case giapponesi erano presenti due focolari chiamati *irori*, uno in cucina utilizzato per cucinare e uno nell'area comune per illuminare e riscaldare l'ambiente. Le famiglie si radunavano intorno a un unico focolare, fonte di luce e calore, e cucinavano il nabemono in pentole di ceramica condividendo il cibo da un'unica pentola.

In Giappone ci sono molti ristoranti specializzati che servono il nabemono. Da Nord a Sud ci sono anche molte versioni regionali, caratterizzate da ingredienti tipici locali o di stagione.

SHABU SHABU

しゃぶしゃぶ

Piatto nato nel 1952 in un celebre ristorante di Osaka. Il termine onomatopeico *shabu shabu* deriva dal movimento e dal suono prodotti durante il lavaggio di alcune stoffe da cucina, rimasto tuttora per richiamare il movimento leggero con cui viene immersa la carne nel brodo di cottura. Tipica anche la pentola utilizzata per questa preparazione, caratterizzata da una sorta di fumaiolo centrale che in passato impediva al fuoco sottostante di spegnersi.

per lo shabu shabu

200 g di fette sottili
di manzo wagyu
150 g di cavolo cinese
2 cipollotti
qb carota
qb daikon
15 g di alga kombu
1 kg di acqua naturale

per il ponzu

40 g di salsa di soia
40 g di succo di limone
3 g di alga kombu
6 g di katsuobushi

per il goma dare

55 g di pesto di semi
di sesamo bianco
20 g di salsa di soia
10 g di mirin
20 g di acqua naturale

PER LO SHABU SHABU

Tagliare il cavolo cinese a fette di 3 cm e i cipollotti
a losanghe di 1,5 cm. Tagliare la carota e il daikon
a fette di 2 mm, intagliare con un coppapasta
a forma di fiore di ciliegio e di foglia di acero.
In una pentola, versare l'acqua naturale e aggiungere
l'alga kombu, lasciare in ammollo per 30 minuti.
Portare a bollore ed eliminare l'alga kombu.
Aggiungere le verdure, cuocere per 5 minuti.
Cuocere le fette di manzo per pochi secondi,
spostandole da una parte all'altra nel liquido
con un leggero movimento definito "shabu shabu".

PER IL PONZU (SALSA DI SOIA AROMATIZZATA AL LIMONE)

In una bacinella, lasciar marinare tutti gli ingredienti
per 3 giorni in frigorifero.
Filtrare il composto marinato con un passino.

PER IL GOMA DARE (SALSA DI SEMI DI SESAMO)

In una pentola, portare a bollore la salsa di soia,
il mirin e l'acqua naturale.
Lasciar raffreddare a temperatura ambiente.
In una bacinella, versare il composto ottenuto
e aggiungere il pesto di semi di sesamo bianco.
Amalgamare tutti gli ingredienti.

PER LA FINITURA

Servire direttamente la pentola con lo shabu shabu.
Accompagnare con il ponzu e il goma dare in una ciotola.

YOSE NABE

Il termine *yose*, che significa "unire", si riferisce alla varietà di ingredienti che vengono raggruppati nella pentola di cottura. Famoso il *chanko nabe*, dove *chanko* è la grande pentola in cui si cuoce il cibo consumato quotidianamente dai lottatori di sumo, bilanciato ma molto ricco di proteine, servito anche in alcuni ristoranti specializzati.

per il dashi

1 kg di dashi
37,5 g di salsa di soia
50 g di sake
37,5 g di mirin
qb sale

per lo yose nabe

100 g di coscia
di pollo disossato
4 gamberoni
4 cubi di 3 cm di abura age
150 g di cavolo cinese
2 cipollotti
30 g di shimeji
30 g di enoki
qb carota
qb daikon

PER IL DASHI
In una pentola, portare a bollore il dashi
e aggiungere i condimenti.
Lasciar evaporare l'alcool per qualche minuto.

PER LO YOSE NABE
Tagliare la coscia di pollo a cubetti di 2 cm.
Togliere la testa e il carapace dei gamberoni,
eliminare l'intestino.
In una pentola, sbollentare e sgrassare l'abura age
in acqua bollente e scolare.
Tagliare il cavolo cinese a fette di 3 cm e i cipollotti
a losanghe di 1,5 cm.
Pulire i funghi shimeji ed enoki e tagliare a tocchetti
di 3 cm.
Tagliare la carota e il daikon a fette di 2 mm,
intagliare con un coppapasta a forma di fiore
di ciliegio e di foglia di acero.
In una pentola, versare il dashi e portare a bollore.
Aggiungere i cubetti di coscia di pollo e cuocere
per 10 minuti. Unire i gamberoni, l'abura age
e le verdure e cuocere per ulteriori 5 minuti.

PER LA FINITURA
Servire direttamente la pentola con lo yose nabe.

おでん ODEN

È una preparazione che ha origine nel periodo Muromachi (1333-1573) e che deriva dal *dengaku*, un piatto a base di miso. Successivamente, nel periodo Edo (1603-1868), il miso viene sostituito dalla salsa di soia che diventa il condimento principale del brodo dashi in cui vengono cotti i vari ingredienti che compongono l'oden, come pesce, carne, uova, tofu e verdure.

per il dashi	**PER IL DASHI**
1 kg di dashi	In una pentola, portare a bollore il dashi
40 g di salsa di soia	e aggiungere i condimenti.
50 g di sake	Lasciar evaporare l'alcool per qualche minuto.
40 g di mirin	
10 g di zucchero semolato	
qb sale	**PER IL POLPO**
	In una pentola, lessare il polpo in acqua bollente
per il polpo	per 2 minuti.
100 g di polpo	Scolare e lasciar raffreddare a temperatura ambiente.

per il dashi

1 kg di dashi
40 g di salsa di soia
50 g di sake
40 g di mirin
10 g di zucchero semolato
qb sale

per il polpo

100 g di polpo

per il daikon

200 g di daikon
qb acqua naturale
qb sale
qb riso

per l'uovo sodo

2 uova
qb acqua naturale
qb aceto di riso

per il mochi kinchaku

1 abura age
2 mochi
qb kanpyo

PER IL DASHI

In una pentola, portare a bollore il dashi
e aggiungere i condimenti.
Lasciar evaporare l'alcool per qualche minuto.

PER IL POLPO

In una pentola, lessare il polpo in acqua bollente
per 2 minuti.
Scolare e lasciar raffreddare a temperatura ambiente.

PER IL DAIKON

Tagliare il daikon a tranci di 3 cm, sbucciare e praticare
delle incisioni da entrambi i lati.
In una pentola, versare l'acqua naturale, aggiungere
i tranci di daikon e qualche chicco di riso.
Portare a bollore e cuocere per 30 minuti.
Lasciar raffreddare a temperatura ambiente e scolare.

PER L'UOVO SODO

In una pentola, cuocere le uova in acqua bollente
acidulata con aceto di riso per 8 minuti.
Raffreddare in acqua fredda e sgusciare.

PER IL MOCHI KINCHAKU (TOFU FRITTO FARCITO CON MOCHI)

In una pentola, lessare l'abura age per 2-3 minuti
in acqua bollente.
Scolare e strizzare per eliminare l'acqua in eccesso.
Lasciare in ammollo le strisce di kanpyo in acqua salata
per 30 minuti.
Scolare l'acqua in eccesso.

Tagliare a metà l'abura age, farcire ciascuna metà con il
mochi e richiudere con una striscia di kanpyo ammollato.

PER L'ODEN
Tagliare il chikuwa e il goboten a metà, in diagonale.
In una pentola, portare a bollore il dashi, aggiungere
il chikuwa, il goboten e i ganmodochi, il polpo e il daikon
e cuocere per 30 minuti. Aggiungere le uova sode
e il mochi kinchaku, cuocere per ulteriori 20 minuti.

PER LA FINITURA
Servire direttamente la pentola con l'oden.
Accompagnare con il karashi e lo yuzukosho.

per l'oden
1 chikuwa
1 goboten
2 ganmodoki

per la finitura
qb karashi
qb yuzukosho

すき焼き SUKIYAKI

Il sukiyaki ha origine nel periodo Meiji (1868-1912), quando cominciarono a svilupparsi in Giappone la produzione e il consumo di carne bovina, il cosiddetto manzo wagyu. Originariamente si chiamava *gyu nabe*, un semplice stufato di manzo e cipollotti cotti in una pentola di ghisa. Successivamente prese il nome di sukiyaki. La carne viene scottata prima di essere stufata ed è tradizionalmente servita in accompagnamento a un uovo crudo.

per il kaeshi

50 g di sake
50 g di mirin
75 g di salsa di soia
50 g di zucchero semolato
100 g di acqua naturale

per il sukiyaki

200 g di fette sottili
di manzo wagyu
150 g di cavolo cinese
2 cipollotti
30 g di shimeji
30 g di enoki

per la finitura

2 uova

PER IL KAESHI (SALSA A BASE DI SALSA DI SOIA)
In una pentola, portare a bollore il sake e il mirin,
lasciar evaporare l'alcool per qualche minuto.
Spegnere il fuoco e unire la salsa di soia,
lo zucchero semolato e l'acqua naturale.
Lasciar raffreddare a temperatura ambiente.

PER IL SUKIYAKI (MANZO STUFATO IN TEGAME)
Tagliare il cavolo cinese a fette di 3 cm e i cipollotti
a losanghe di 1,5 cm. Pulire i funghi shimeji ed enoki
e tagliare a tocchetti di 3 cm.
In un tegame, rosolare le fette sottili di manzo wagyu
e i cipollotti.
Versare il kaeshi, aggiungere il cavolo cinese
e i funghi shimeji ed enoki.
Stufare per 10 minuti.

PER LA FINITURA
Servire direttamente la pentola con il sukiyaki.
Accompagnare con l'uovo crudo.

YASAI to TOFU (VERDURE E TOFU)

野菜と豆腐

Lo sviluppo e l'utilizzo di alimenti vegetali in Giappone risale al periodo Kamakura (1185-1333), quando il buddhismo fu trasmesso in Giappone dalla Cina e si diffuse insieme allo sviluppo della filosofia Zen. In quest'ambito trasse origine lo *shojin ryori,* lo stile di vita e di alimentazione praticato dai monaci presso i templi buddhisti. Con il termine *shojin* si intende un'attività di purificazione, di catarsi, di riflessione rigorosa, volta a temperare lo spirito; *ryori* significa "cucina".

La cucina shojin si fonda sul divieto fondamentale di "prendere la vita", quindi di uccidere qualsiasi essere vivente. Non contempla pertanto l'uso di carne, è soprattutto a base di verdure, di riso, di soia e di tutti i suoi derivati. Lo *shojin ryori* non è soltanto un tipo di cucina, ma un'attività spirituale fondata sulla pratica stessa della filosofia zen e buddhista. L'arte del cucinare viene affidata al *tenzo*, il monaco che, oltre all'abilità tecnica, deve possedere la consapevolezza dell'intero processo, dalla scelta degli ingredienti alla loro raccolta e preparazione, fino alla presentazione nel piatto. Si tratta di una vera e propria disciplina religiosa che purifica il corpo e l'anima attraverso la fatica e la devozione nel preparare i cibi, dal selezionare gli ingredienti di stagione più adatti a nutrire meglio il corpo, all'evitare lo spreco fino al metodo di impiattamento, essenziale e il più naturale possibile. Si trattano essenzialmente vegetali in purezza, senza aggiunte artificiali o coloranti, non si usano nemmeno spezie, aglio o cipolla, al fine di non alterare il gusto primario. Si evitano anche le uova e i prodotti caseari, sostituiti da tuberi come il *konjac*, da alghe marine come l'alga *hijiki* (un'alga bruna molto ricca di calcio) e soprattutto dai fagioli di soia e dai suoi derivati, come il *natto* (fagioli di soia cotti e fermentati) e il tofu.

Si definisce *yakuzen ryori* la cucina salutare applicata a preservare e conservare una buona salute, a base di erbe e ingredienti con proprietà mediche, come ad esempio favorire la circolazione sanguigna, la respirazione o la digestione, tonificare

il corpo, migliorare le condizioni della pelle o del sonno, abbassare o innalzare la temperatura corporea. In quest'ambito, si dà alla cucina e agli ingredienti naturali anche una valenza curativa, preventiva dei malesseri e rigenerativa, come nel caso del gobo, la cui radice viene utilizzata come verdura ed erba medicinale, oppure dello zenzero, dalle molteplici proprietà benefiche, o più in generale del *sansai*, verdure selvatiche di montagna.

Gobo e *sansai* **(verdure selvatiche di montagna).**

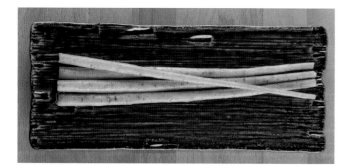

Lo **shoga** (*Zingiber officinale*), comunemente conosciuto in Occidente come zenzero o ginger, è una pianta della famiglia delle Zingiberaceae, introdotta in Giappone dalla Cina nel periodo Nara (710-794). Presenta un fusto sotterraneo, formato da un rizoma ramificato (erroneamente definito radice), da cui nascono i fusti vegetativi.

Il **neshoga**, il rizoma dello zenzero, può essere consumato novello (*shinshoga*) o invecchiato (*hineshoga*):
- *gari*: zenzero novello, tagliato a fette sottili e marinato in una miscela a base di aceto di riso, sale e zucchero, è un tipico accompagnamento al sushi;
- *benishoga*: zenzero invecchiato marinato con *umezu* (aceto di ume, prugne giapponesi).

Il **taninakashoga**, il fusto giovane dello zenzero, raccolto quando misura circa 5 cm, può essere consumato crudo, marinato e in tempura.

Lo **yashoga** o **meshoga**, detto "zenzero freccia", viene coltivato ricoperto di terra per non essere esposto ai raggi del sole. All'altezza di circa 15 cm, eliminata la terra, viene esposto alla luce del sole per alcuni giorni per poter assumere la tipica coloratura rosata.

- *Hajikami shoga*: zenzero lungo sbollentato e marinato in una miscela a base di aceto di riso, sale e zucchero.

In Giappone esiste anche il **myoga** (*Zingiber mioga*) o zenzero giapponese, pianta coltivata di cui si consumano soltanto i germogli e i boccioli dei fiori, molto profumati e dal tipico colore rosato, utilizzati nella cucina giapponese come accompagnamento al sashimi, in tempura o nella zuppa di miso.

Il "cibo come cura" è il principio di base della cosiddetta *ishokudogen*, la cultura alimentare giapponese che trae beneficio dall'insieme delle condizioni di vita, delle abitudini, dei comportamenti alimentari e culturali di un gruppo sociale. Tale filosofia viene ancora oggi studiata come fonte della longevità in Giappone, che è tra i paesi identificati come Blue Zones del pianeta. Nel 1654, all'inizio del primo periodo Edo (1603-1868), quando l'isolamento del Giappone non era ancora così serrato, il monaco buddhista cinese Ingen introdusse per la prima volta il *fucha ryori*, una versione cinese dello *shojin ryori*.

Ci sono due principali differenze tra la cucina giapponese *shoijin* e quella cinese *fucha*. Il *fucha ryori* risulta più corposo e saporito per l'abbondante utilizzo di olio e di *kuzuko*, un amido ricavato dalla

Myoga (germogli di zenzero giapponese).

radice di una pianta leguminosa della famiglia delle Fabaceae, chiamata *kuzu*.

La seconda differenza è nello stile dello stare a tavola. Nel *fucha ryori* i commensali si siedono intorno a un tavolo quadrato e prelevano i cibi da vassoi da condividere, posti al centro tavolo e serviti uno dopo l'altro. Al contrario, nello stile presente nel periodo Edo si mangiava da un vassoio individuale posto davanti a ciascun commensale.

Renkon (radice di loto).

Il *fucha ryori* introdusse pertanto in Giappone alcune innovazioni di stile, nuove tecniche di cottura, a partire dall'utilizzo dell'olio per friggere determinati alimenti, come ad esempio il tofu, e anche numerosi nuovi ingredienti e ricette, come il *goma dofu* (tofu al sesamo), i fagiolini, il bambù e il renkon (radice di loto).

Il buddhismo divenne pratica comune in Giappone e il divieto di consumare carne rimase in vigore fino al periodo della Restaurazione Meiji (1868-1912), periodo nel quale si interruppe il periodo di isolamento e diverse specialità straniere cominciarono a integrarsi nella già ricca cultura culinaria giapponese.

Nell'ambito dello *shojin ryori*, che svilupperà e porterà con sé tanti nuovi ingredienti a base vegetale e tanti nuovi strumenti di cucina, uno dei principali alimenti, ancora oggi largamente consumato e diffuso, è il tofu.

Il tofu è una delicata combinazione di latte di soia e coagulanti di alta qualità, ottenuto dalla trasformazione dei fagioli di soia. La preparazione del tofu avviene mettendo in ammollo per 24 ore i fagioli di soia che vengono poi macinati e addizionati ad acqua naturale. Il liquido lattiginoso che ne deriva viene filtrato e portato a bollore, diventando il cosiddetto latte di soia. Si procede quindi facendo cagliare il latte di soia con il *nigari*, un insieme di sali minerali. Il prodotto di questa cagliata è il tofu, che viene messo a sgocciolare negli stampi per un tempo variabile a seconda del prodotto che si vuole ottenere.

In base alla sua consistenza il tofu è classificabile in due tipi:
- il *momen dofu* (tofu di cotone), leggermente solido, più denso e asciutto con una bassa percentuale di latte di soia;
- il *kinugoshi dofu* (tofu di seta), soffice, voluttuoso e avvolgente, tagliato a pezzi e conservato in acqua naturale.

Già nel periodo Edo esistevano più di cento varianti di ricette a base di tofu. Oggi si possono trovare in commercio tofu già lavorati e pronti all'utilizzo in cucina:

- *yaki dofu*, tofu grigliato;
- *abura age*, tofu fritto;
- *ganmodoki*, tofu condito con altri ingredienti fritti;
- *koya dofu*, tofu liofilizzato, dalla consistenza spugnosa. Questo particolare tofu veniva prodotto già nel periodo Kamakura (1185-1333), attraverso un antico processo di congelazione e scongelazione ripetuta e successiva essiccazione, fino all'eliminazione completa dell'umidità.

Lavorazione del tofu.

枝豆と奴豆腐 EDAMAME E YAKKO DOFU

Sono i tipici piatti estivi da accompagnare a bevande alcoliche come sake o birra. Gli edamame sono i fagioli novelli della soia, dal tipico colore verde brillante, raccolti all'inizio dell'estate. Il termine *yakko* indica la forma quadrata con cui viene tagliato il tofu. Solitamente si serve con una serie di accompagnamenti detti *yakumi*, fra cui il tipico cipollotto giapponese, il katsuobushi, lo zenzero, il myoga o il miso piccante.

per gli edamame
200 g di edamame
qb sale

per lo yakko dofu
100 g di kinugoshi dofu

per la finitura
30 g di salsa di soia
qb katsuobushi
qb zenzero grattugiato
qb cipollotto

PER GLI EDAMAME
In una pentola, lessare gli edamame in acqua salata bollente per 3-5 minuti.
Scolare e condire con il sale, lasciar raffreddare a temperatura ambiente e servire.

PER LO YAKKO DOFU
Scolare e tagliare il kinugoshi dofu a pezzi di circa 4 cm.

PER LA FINITURA
In un piatto da portata, adagiare lo yakko dofu.
Versare la salsa di soia.
Aggiungere il katsuobushi, lo zenzero grattugiato e il cipollotto tagliato finemente a rondelle.

な ま す NAMASU

Tradizionale nome per indicare le verdure sottaceto tipicamente consumate durante le festività di Capodanno, solitamente carota e daikon che, per i loro colori rosso e bianco, sono simboli beneaugurali di prosperità e benessere per il nuovo anno.

per la marinatura
60 g di aceto di riso
45 g di zucchero semolato

per il namasu
125 g di daikon
35 g di carota
qb sale

per la finitura
qb scorza di limone

PER LA MARINATURA
In una bacinella, amalgamare tutti gli ingredienti.

PER IL NAMASU (DAIKON E CAROTA SOTTACETO)
Sbucciare e tagliare il daikon e la carota finemente a julienne di 5 cm di lunghezza.
In una bacinella, massaggiare il daikon e la carota con il sale. Ricoprire con un panno e lasciar riposare sotto a un peso per 10 minuti.
Eliminare l'acqua di vegetazione.
Risciacquare in acqua fredda, strizzare ed eliminare l'acqua in eccesso.
In una bacinella, versare la marinatura sul daikon e sulla carota e lasciar riposare per 10 minuti.

PER LA FINITURA
In un piatto da portata, adagiare il namasu.
Aggiungere la scorza di limone tagliata finemente a julienne.

SUNOMONO

Il termine deriva da *su* che significa "aceto" e *nomono* che significa "piatto". Rappresenta la categoria di cibo condito con aceto, principalmente verdure, pesce e alghe, non necessariamente ingredienti crudi, ma anche sottosale o bolliti. Esistono molte varietà di condimenti a base di aceto con l'aggiunta di salsa di soia, sake, mirin, katsuobushi, kuzu, tuorlo d'uovo, semi di sesamo o tofu.

per la marinatura
60 g di aceto di riso
45 g di zucchero semolato

per il sunomono
di cetriolo
165 g di cetriolo
qb sale

per la finitura
qb semi di sesamo
bianco tostati

PER LA MARINATURA
In una bacinella, amalgamare tutti gli ingredienti.

PER IL SUNOMONO DI CETRIOLO (CETRIOLO SOTTACETO)
Tagliare il cetriolo a fettine sottili. In una bacinella, massaggiare le fettine di cetriolo con il sale.
Ricoprire con un panno e lasciar riposare sotto a un peso per 10 minuti. Eliminare l'acqua di vegetazione.
Risciacquare in acqua fredda,
strizzare ed eliminare l'acqua in eccesso.
In una bacinella, versare la marinatura sul cetriolo
e lasciar riposare per 10 minuti.

PER LA FINITURA
In un piatto da portata, adagiare il sunomono di cetriolo.
Cospargere la superficie di semi di sesamo bianco tostati.

OHITASHI

Metodo di lavorazione molto antico, risalente al periodo Nara (710-794). Il termine deriva da *hitasu* che significa "marinare" in un condimento a base di brodo dashi. Si utilizzano ingredienti di stagione, principalmente verdure, che vengono prima bolliti e poi marinati.

per la marinatura
100 g di dashi
20 g di salsa di soia
10 g di mirin

per gli spinaci
300 g di spinaci

per la finitura
qb katsuobushi

PER LA MARINATURA
In una pentola, portare a bollore il dashi, aggiungere i condimenti e lasciar evaporare l'alcool. Lasciar raffreddare a temperatura ambiente.

PER GLI SPINACI
In una pentola, lessare gli spinaci per 1 minuto in acqua bollente salata. Scolare e lasciar raffreddare in acqua e ghiaccio. Scolare, strizzare e tagliare a tocchetti di 5 cm.
Versare la marinatura e lasciar riposare per 1 ora in frigorifero.

PER LA FINITURA
In un piatto da portata, adagiare l'ohitashi e cospargere con la marinatura.
Completare con il katsuobushi.

AGEBITASHI

Il termine deriva da *age* che significa "friggere" e *bitashi* che significa "marinare" in un condimento a base di brodo dashi o di aceto. Si utilizzano principalmente le verdure al fine di valorizzare e intensificare il loro sapore e colore.

per la marinatura
300 g di dashi
75 g di salsa di soia
37,5 g di mirin

PER LA MARINATURA

In una pentola, portare a bollore il dashi, aggiungere i condimenti e lasciar evaporare l'alcool. Lasciar raffreddare a temperatura ambiente.

per l'agebitashi
4 okura
2 friggitelli
1 melanzana lunga
2 asparagi verdi
qb olio di semi

PER L'AGEBITASHI

Forare gli okura con uno stecco di bambù.
Tagliare i friggitelli nel senso della lunghezza e poi a metà.
Tagliare una melanzana a metà nel senso della lunghezza. Tagliare ciascuna metà in senso orizzontale, ottenendo sezioni di circa 5 cm di lunghezza. Sulla base di ciascuna sezione, dal lato della buccia, effettuare con il coltello incisioni profonde circa 3 mm, allargarle leggermente creando una forma a ventaglio.
Pelare gli asparagi verdi eliminando la parte fibrosa, tagliare a tranci diagonali di circa 5 cm.
Friggere le verdure a 180 °C per 2 minuti e scolarle su carta da cucina.
Versare la marinatura sulle verdure e lasciar riposare per 1 ora a temperatura ambiente.
Tagliare l'okura diagonalmente a metà.

PER LA FINITURA

In un piatto da portata, adagiare l'agebitashi e cospargere con la marinatura.

田楽 DENGAKU

Antica preparazione in cui gli ingredienti, principalmente tofu, konjac e verdure, conditi con un composto a base di miso, spesso aromatizzato con foglie di sansho o yuzu, venivano cotti e lasciati caramellizzare su una griglia.

per il tama miso

200 g di miso bianco
10 g di salsa di soia
15 g di sake
15 g di mirin
10 g di zucchero semolato
1 tuorlo

per il dengaku

2 melanzane tonde
qb olio di semi

per la finitura

2 foglie di bambù
qb semi di sesamo
bianco tostati

PER IL TAMA MISO (CREMA DI MISO E UOVO)

In una pentola, unire tutti gli ingredienti e scaldare a fuoco basso.
Continuare a cuocere fino a ottenere una consistenza liscia e omogenea.
Lasciar raffreddare a temperatura ambiente.

PER IL DENGAKU

Tagliare le melanzane a metà e incidere la polpa con il coltello.
In una padella, rosolare le melanzane dal lato della polpa con un filo di olio di semi.
Voltare le melanzane e cuocerle in forno a 180 °C per 20 minuti.
Cospargere il tama miso sulla polpa delle melanzane cotte.
Ripassare nuovamente in forno a 200 °C per 10 minuti fino a ottenere la gratinatura desiderata.

PER LA FINITURA

In un piatto da portata, stendere le foglie di bambù e adagiare le melanzane gratinate.
Spolverare la superficie delle melanzane con i semi di sesamo bianco tostati.

AGE DASHI DOFU

揚げ出し豆腐

È il tofu fritto e condito con il tradizionale brodo giapponese dashi, molto piacevole all'assaggio per il contrasto tra il guscio croccante e il cuore tenero. È un piatto amato fin dal periodo Edo (1603-1868), epoca in cui il tofu era un alimento pregiato, riservato alle classi agiate e consumato soprattutto in occasione delle festività nazionali.

per il tofu fritto
300 g di momen dofu
qb fecola di patate
qb olio di semi

per lo tsuyu
100 g di dashi
30 g di salsa di soia
17,5 g di mirin

per la finitura
qb daikon grattugiato
qb zenzero grattugiato
qb cipollotto

PER IL TOFU FRITTO

Asciugare il momen dofu con della carta da cucina.
Infarinare con la fecola di patate.
Friggere a 180 °C per 3 minuti fino a ottenere
la doratura desiderata.
Scolare su carta da cucina.

PER LO TSUYU

In una pentola, portare a bollore il dashi,
aggiungere i condimenti.
Lasciar evaporare l'alcool per qualche minuto.

PER LA FINITURA

In un piatto da portata, adagiare il tofu fritto.
Versare lo tsuyu.
Aggiungere sulla superficie il daikon e lo zenzero
grattugiati e il cipollotto tagliato finemente a rondelle.

TAMAGO (UOVA)

In Giappone, l'allevamento di pollame venne introdotto durante il periodo Yayoi (circa 400-350 a.C.). Durante il periodo Edo (1603-1868), le uova iniziarono a essere consumate in alcune parti del Giappone occidentale e si diffusero in tutto il Paese.

In Giappone ci sono tantissime ricette a base di uova e la più celebre è il *tamago yaki* (che significa "uovo fritto"). È una ricetta unica e tipica, conosciuta per il particolare metodo di cottura e preparazione, in perfetto stile Edo (l'antico nome della città di Tokyo). Si miscela l'uovo con il dashi, la salsa di soia, il mirin, lo zucchero e un pizzico di sale.

Il sapore è dunque tendente al dolciastro. Si versa il composto in un'apposita padella quadrata o rettangolare di ferro, tradizionalmente in rame, con coperchio e manico di legno, e si ottiene una frittata arrotolata molto gustosa, spesso consumata a colazione, talvolta inserita nel bento oppure servita in numerosi banchetti specializzati.

Il cibo arrotolato o sovrapposto in Giappone è un simbolo portafortuna, un augurio di felicità.

Esistono molteplici varianti di *tamago yaki* che prevedono anche l'aggiunta di altri ingredienti come pesce o verdure, ad esempio il *gyoku* o *atsuyaki tamago*. Si utilizza nell'ambito delle preparazioni per sushi ed è composto da una miscela di uovo, zucchero, sale, dashi, mirin, salsa di soia, a cui si aggiunge un battuto di pesce e patata selvatica (*yamaimo*). Si cuoce questo composto nella stessa padella quadrata, a fuoco basso, lentamente da entrambi i lati, ottenendo una frittata soffice, spugnosa e saporita.

Un'altra variante è il *datemaki*, una sorta di *gyoku* arrotolato e tagliato a fette: è un piatto molto amato, tipico dell'*osechi ryori*, la cucina tradizionale proposta in occasione del Capodanno (Oshogatsu).
Le uova sono tra gli alimenti preferiti dai giapponesi: consumate in abbondanza, fanno parte dei pasti lungo l'intero arco della giornata.

玉子焼き TAMAGO YAKI

Dal termine *tamago* che significa "uovo", è la frittata arrotolata tradizionale, preparata nella caratteristica padella quadrata. Viene consumata principalmente in famiglia.

per il tamago yaki

4 uova
60 g di dashi
10 g di salsa di soia
7,5 g di zucchero semolato
7,5 g di mirin
qb olio di semi

per la finitura

qb salsa di soia
qb daikon grattugiato
1 foglia di bambù

PER IL TAMAGO YAKI (FRITTATA DI UOVA)

In una bacinella, amalgamare le uova con i condimenti.
Scaldare una padella e ungerla con olio di semi.
Versare un sottile strato di miscela all'uovo
e distribuirlo bene nella padella.
Arrotolare la frittata sottile e spingere il rotolo in avanti.
Versare altro composto per coprire nuovamente il fondo
della padella, sollevando leggermente il primo rotolo in
modo che il secondo strato possa aderire al precedente.
Procedere fino al termine della miscela di uovo.
Avvolgere il rotolo ottenuto nel tappeto di bambù
per sagomarne la forma. Lasciar raffreddare a temperatura
ambiente e tagliare a fette di 2 cm di spessore.

PER LA FINITURA

In un piatto da portata, stendere una foglia di bambù
e adagiare le fette di tamago yaki. Accompagnare
con la salsa di soia e il daikon grattugiato.

1. Versare il composto di uova
nella padella quadrata.

2. Distribuire il composto di uova in un sottile strato.
Arrotolare la frittata e sospingere il rotolo in avanti.

3. Continuare a cuocere e a stratificare il rotolo fino al termine del composto di uova.

4. Lasciar raffreddare il rotolo a temperatura ambiente prima di affettare e servire.

DATEMAKI

Il termine *datemaki* può derivare da tre principali etimologie: dal nome dello shogun Date Masamune, che amava molto questa pietanza; da *datemono*, che significa "ricco, fastoso", per la varietà di ingredienti con cui viene preparato; da *datemaki*, che era una particolare cintura arrotolata presente tra i vari elementi utilizzati nella vestizione del kimono.

per il datemaki

100 g di filetto di dentice
4 uova
30 g di dashi
15 g di mirin
35 g di zucchero semolato
qb sale
qb olio di semi

PER IL DATEMAKI (ROTOLO DI FRITTATA DI UOVA E PESCE)
Eliminare la pelle del dentice e frullarlo
con i condimenti nel mixer, fino a ottenere un composto liscio e omogeneo.
Scaldare una padella e ungerla con l'olio di semi.
Versare il composto di uova nella padella e cuocere lentamente fino a ultimare la cottura.
Capovolgere e continuare a cuocere fino a ottenere una crosta dorata.
Arrotolare il datemaki con il tappeto di bambù
e lasciar raffreddare a temperatura ambiente.
Tagliare il rotolo a fette di 1,5 cm di spessore.

PER LA FINITURA
In un piatto da portata, adagiare le fette di datemaki.

HASSUN

八寸

Hassun è il nome di un tipico piatto di legno in puro cedro giapponese, quadrato, i cui lati misurano 8 *sun*, pari a circa 24 cm. Il termine *hassun* deriva infatti da *ha*, abbreviazione di *hachi*, che è il numero 8, e *sun*, un'unità di misura giapponese pari a 3,03 cm.

L'utilizzo dell'*hassun* è legato alla cucina *chakaiseki* e soprattutto alle attività del monaco buddhi-

sta Sen no Rikyu (1522-1591), colui che per primo introdusse e codificò, in perfetta armonia con l'insegnamento zen, la cerimonia del tè (*cha no yu*). Fra le varie regole, anche quella di offrire un pasto frugale prima del tè allo scopo di esaltarne benefici ed effetti.

Nel tempio Rakunan Hachimangu di Kyoto c'è una reliquia in cedro di 24 cm a cui probabilmente si ispirò Sen no Rykyu per la forma dell'*hassun*, nel quale i cibi venivano collocati secondo un preciso posizionamento, spesso rispettato ancora oggi: gli ingredienti di mare sono posti in alto a destra, quelli di terra o di montagna in basso a sinistra.

All'epoca del monaco Sen no Rikyu l'uso della carne era vietato, pertanto gli alimenti erano essenzialmente a base di riso, soia, verdure e pesce.

Nel periodo Edo (1603-1868) nasce la cucina *kaiseki*, un'evoluzione della cucina legata alla cerimonia del tè, tuttora identificata come simbolo dell'estetica giapponese, nel pieno rispetto del flusso delle stagioni e del principio dell'*omo-*

tenashi, la massima accoglienza e attenzione riservata agli ospiti. L'*hassun* costituisce una delle numerose portate di cui si compone un menù *kaiseki* e viene introdotto generalmente a metà del pasto, quando l'atmosfera è rilassata e conviviale, quasi sempre accompagnato da sake.

Il menù *kaiseki* segue un ordine di portate preciso: si comincia con il *torizakana* di benvenuto, un piccolo stuzzichino da gustare in un boccone, si prosegue con lo *tsukuri* o *mukozuke*, a base di crudità di pesce, poi l'*owan* o *wanmono*, una zuppa di brodo in ciotola. Segue l'*hassun*, un insieme di piatti misti di stagione da gustare insieme al sake, poi i piatti cucinati secondo varie cotture: lo *yakimono* (grigliato), l'*agemono* (fritto) e il *takiawase* (stufato). Si serve inoltre lo *shiizakana* (un'ulteriore entrata di piccoli piatti misti) e infine il *meshi* (riso bianco cotto), abbinato a zuppa di miso e *konomono* (verdure sottosale). Si chiude il pasto con una piccola porzione di frutta fresca di stagione e talvolta con il *kashi*, un piccolo dolce.

KOME

(RISO GIAPPONESE)

La coltivazione del riso in Giappone ha origini antichissime, probabilmente risale al periodo primitivo Jomon, oltre 10.000 anni fa. L'introduzione dell'uso delle risaie risale invece al periodo Yayoi (400-350 a.C.). Già nel periodo medioevale Muromachi (1333-1573) si misurava la ricchezza del feudo in base alla quantità di riso prodotto, spesso utilizzato anche come merce di scambio, di valuta oppure sottratto ai contadini sotto forma di imposta. Ancora oggi il riso è una componente fondamentale nella cultura giapponese, a tal punto da non essere considerato solo un alimento, ma anche un elemento dal valore sacro e propiziatorio.

Con il termine *kome* si intende il riso crudo, quando invece è cotto si definisce *gohan* o *meshi*. Al termine *gohan* si attribuisce anche il significato più esteso di cibo o pasto: questo sta a significare quanto il riso, elaborato in infinite varianti, sia basilare nell'alimentazione quotidiana di ogni giapponese.

In Giappone si producono oltre 300 tipi di riso al 100% di specie japonica, si conta una produzione di circa 10 milioni di tonnellate di riso all'anno. Questo riso ha chicchi tondi e piccoli che trattengono bene l'acqua in cottura creando una tipica collosità, mantenendo un aspetto lucido e una consistenza soffice e conservando un buon sapore anche quando si raffreddano.

Esiste anche una varietà di riso japonica ad alto contenuto di amido, chiamato *mochigome*, dalla consistenza molto elastica e collosa, utilizzato in diverse preparazioni con l'aggiunta di altri ingredienti oppure lavorato e battuto. Il *mochigome*, pur essendone totalmente privo, viene impropriamente definito riso "glutinoso" in riferimento alla sua consistenza particolarmente gommosa.

La tradizionale cottura in pentole di terracotta è stata sostituita oggi da quella nei bollitori elettrici (*suihanki*) ad alta tecnologia che cuociono il riso perfettamente in tempi brevi e ne mantengono la temperatura.

L'unità di misura del riso è il *go*, pari a 180 ml. Esistono contenitori in legno graduati con misurini da 1, 3, 5 o 10 *go* per prelevare facilmente la quantità desiderata.

Il semplice riso bianco cotto può essere la base per tanti tipi di piatti con l'aggiunta di carne, pesce, uova, pesci essiccati, semi di sesamo, alghe tritate, katsuobushi.

Il riso viene utilizzato per innumerevoli altre varianti, dalla distillazione per il sake alla produzione di condimenti (salsa di soia, miso, aceto di riso) e di dolci, fino alla realizzazione di vari oggetti di uso comune. Del riso si utilizzano anche le spighe e tutti gli scarti per produrre ad esempio una particolare carta resistente e leggera chiamata *washi*.

Processo di cottura del riso

1. Lavare il riso più volte con acqua fredda e, con l'aiuto delle mani, tramite abrasione, privarlo dello strato più esterno che tende a ossidarsi. L'acqua assumerà un colore lattiginoso a causa del rilascio di amido. Procedere cambiando l'acqua più volte finchè non risulta trasparente. Tale processo di raffinazione del riso si definisce *togu*.

2. Lasciar sgocciolare il riso e far riposare circa mezzora.

3. Trasferire il riso in una pentola e aggiungere acqua in rapporto 1:1,2 (es. 100 g di riso e 120 g di acqua).

4. Coprire con un coperchio, accendere il fuoco a fiamma alta e portare a bollore.

5. Raggiunto il bollore, abbassare il fuoco al minimo fino a che il riso non assorbirà tutta l'acqua.

6. Spegnere il fuoco e lasciar riposare il riso.

7. Conservare il riso a temperatura nell'apposito contenitore di legno (*ohitsu*). Prima di servire, mescolare delicatamente per far evaporare l'umidità in eccesso.

Meshi o gohan

飯又は御飯

I termini *meshi* e *gohan* indicano il riso bianco cotto, ma possono assumere anche il senso più ampio di pasto. La differenza fra i due termini è puramente stilistica.

Ci sono varie categorie di meshi, distinte per tipologia di riso:
- *beihan, hanmai* e *komenomeshi*: meshi di riso integrale o raffinato;
- *mugimeshi*: *meshi* di riso con aggiunta di orzo;
- *zakkoku meshi*: *meshi* di riso con aggiunta di altri semi e cereali.

Esistono molte tipologie di *gohan*, distinte per metodo di cottura, per la forma, per i condimenti usati.

Takikomi gohan: si cuoce il riso bianco insieme a qualsiasi ingrediente di stagione.

Maze gohan: si cuoce il riso bianco e successivamente si aggiunge qualsiasi ingrediente di stagione.

Okowa: si utilizza il *mochigome*, cotto a vapore insieme a qualsiasi ingrediente di stagione, come erbe di campo, fagioli rossi, castagne. Queste preparazioni rispettano l'antico metodo di cottura a vapore sui forni naturali termali tipico di alcune regioni giapponesi. Appartiene a questa categoria il *sekihan*, piatto a base di *mochigome*, caratteristico per il colore rosato conferito dai fagioli rossi con cui viene cotto.

Ochazuke: riso bianco cotto su cui si versa tè caldo o dashi, in aggiunta ad altri ingredienti di stagione.

Onigiri: polpette di riso bianco cotto, talvolta condito con altri ingredienti, o semplicemente avvolto da una striscia di alga nori. Comunemente di forma triangolare, può essere anche preparato con una forma sferica o cilindrica (*tawara*).

Okayu: riso lasciato bollire fino a sfaldarsi raggiungendo una consistenza viscosa, una sorta di porridge. Famoso il *nanakusa gayu* con l'aggiunta di sette tipi di erbe, consumato il 7 gennaio durante le festività di Capodanno

Zosui o ojiya: zuppa a base di riso stufato in brodo, spesso con l'aggiunta di uova, carne, pesce, verdure o funghi e condito con miso o salsa di soia.

GOMOKU TAKIKOMI GOHAN

五目炊き込み御飯

A Sud viene chiamato *kayaku gohan*. L'origine del piatto risale a tempi remoti, quando la disponibilità di riso era scarsa e si integrava con una quantità di cereali, legumi, tuberi o castagne. Dal periodo Edo (1603-1868), vengono aggiunti ulteriori ingredienti come carne, pesce o verdure, cotti insieme per creare un'unica armonia: la bontà del piatto risiede nella varietà degli ingredienti presenti. È piacevole da consumare anche freddo, per questo è spesso inserito negli *eki bento*, i tipici pasti da asporto e da viaggio.

per il condimento

170 g di acqua naturale
35 g di salsa di soia
35 g di mirin
qb sale
qb olio di semi di sesamo

per il gomoku takikomi gohan

200 g di riso giapponese
70 g di coscia di pollo disossato
2 funghi shiitake secchi
¼ di carota
30 g di abura age
¼ di radice di gobo
30 g di konjac
50 g di sansai mizuni

PER IL CONDIMENTO
In una bacinella, amalgamare tutti gli ingredienti.

PER IL GOMOKU TAKIKOMI GOHAN
Lavare il riso con acqua corrente per eliminare l'amido, scolare l'acqua in eccesso e lasciar riposare per 30 minuti.
Tagliare la coscia di pollo a cubetti di 1 cm.
Lasciare i funghi shiitake in ammollo in acqua naturale per 1 giorno in frigorifero. Eliminare il gambo degli shiitake e tagliarli a fette di 3 mm di spessore.
Tagliare la carota e gli abura age a cubetti di 5 mm.
Tagliare il gobo finemente a julienne e il konjac a bastoncini di 3 cm di lunghezza e 5 mm di diametro.
Scolare l'acqua di vegetazione del sansai mizuni.
In una pentola di ceramica giapponese, unire il riso ammollato e tutti gli ingredienti preparati.
Versare il condimento.
Coprire con un coperchio e portare a bollore.
Cuocere a fuoco basso per 15 minuti.
Spegnere il fuoco e lasciar riposare per 15 minuti.

PER LA FINITURA
Servire direttamente la pentola con il gomoku takikomi gohan.

TAI MESHI

Tai è il pesce *Pagrus major*, meshi è il riso, due degli ingredienti preferiti dai giapponesi. Il piatto ha origine nella prefettura di Ehime, nell'isola di Shikoku, nei cui mari c'è grande abbondanza di *tai* che viene servito nella versione sia cotta sia cruda. Nella ricetta è stato utilizzato il dentice mediterraneo (*Dentex dentex*).

per il condimento

165 g di acqua naturale
25 g di salsa di soia
25 g di sake
25 g di mirin
qb sale

per il tai meshi

200 g di filetto di dentice
200 g di riso giapponese

per lo zenzero

qb zenzero
qb acqua naturale

per la finitura

qb mitsuba

PER IL CONDIMENTO
In una bacinella, amalgamare tutti gli ingredienti.

PER IL TAI MESHI
Tagliare il filetto di dentice a fette di 2 cm di spessore e condire con il sale.
Inserire gli spiedi nelle fette di dentice. Grigliare e rosolare leggermente da entrambi i lati per 2-3 minuti.
Togliere il pesce dalla griglia e sfilare gli spiedi.
Lavare il riso con acqua corrente per eliminare l'amido, scolare l'acqua in eccesso e lasciar riposare per 30 minuti.
In una pentola di ceramica giapponese, unire il riso ammollato e le fette di dentice grigliato.
Versare il condimento.
Coprire con il coperchio e portare a bollore.
Cuocere a fuoco basso per 15 minuti. Spegnere il fuoco e lasciar riposare per 15 minuti.

PER LO ZENZERO
Pelare e tagliare lo zenzero finemente a julienne.
Metterlo in acqua naturale fredda per qualche minuto affinché diventi croccante e scolare.

PER LA FINITURA
Servire direttamente la pentola con il tai meshi.
Completare con lo zenzero e le foglie di mitsuba.

赤飯 SEKIHAN

Seki indica il colore rosso e *han*, abbreviazione di *gohan*, è il riso cotto. È un piatto consumato soprattutto in occasione delle festività nazionali giapponesi per il caratteristico colore rosso, simbolo beneaugurale, ottenuto dai fagioli rossi giapponesi *sasage*. Si accompagna sempre con *kuro gomashio*, i semi di sesamo nero tostati e salati.

per i sasage
40 g di sasage
qb acqua naturale
qb sale

per il sekihan
300 g di mochigome
qb sale

per la finitura
qb kuro gomashio

PER I SASAGE (FAGIOLI ROSSI GIAPPONESI)
Lasciare in ammollo i sasage in acqua naturale
per 8 ore e scolare.
In una pentola, aggiungere i sasage ammollati
e ricoprire con acqua naturale.
Portare a bollore e cuocere per 20 minuti.
Scolare i sasage cotti tenendo da parte l'acqua di cottura.
Condire l'acqua di cottura con il sale.
Lasciar raffreddare a temperatura ambiente.

PER IL SEKIHAN
Lasciare il mochigome in ammollo nell'acqua
di cottura dei sasage per 8 ore.
Scolare l'acqua in eccesso.
Unire i sasage precotti al mochigome e riversare tutto
in una vaporiera di bambù rivestita con un sarashi.
Cuocere a vapore per 1 ora.

PER LA FINITURA
Servire direttamente la vaporiera con il sekihan.
Completare con il kuro gomashio.

混ぜ御飯 MAZE GOHAN

Il termine deriva dal verbo *mazeru*, che significa "amalgamare", e da *gohan*, che indica il riso cotto. È un piatto tradizionale a base di riso a cui vengono aggiunte erbe aromatiche e vari altri ingredienti freschi, cotti e crudi, conservando ciascuno la propria singola identità all'interno del piatto.

per il condimento
7,5 g di salsa di soia
7,5 g di mirin

per il maze gohan
120 g di filetto di salmone
300 g di gohan
4 foglie di shiso
qb sale

per la finitura
10 g di ikura
qb semi di sesamo
bianco tostati

PER IL CONDIMENTO
In una bacinella, amalgamare gli ingredienti.

PER IL MAZE GOHAN
Eliminare la pelle del filetto di salmone e tagliare a fette di 2 cm di spessore. Condire con il sale.
Inserire gli spiedi nelle fette di salmone.
Grigliare da entrambi i lati per 10 minuti.
A fine cottura, spennellare e lasciar caramellare il condimento.
Togliere il pesce dalla griglia e sfilare gli spiedi.
In una bacinella, amalgamare il gohan, il salmone grigliato e le foglie di shiso tagliate a julienne.

PER LA FINITURA
In un piatto da portata, servire il maze gohan e spolverare con i semi di sesamo bianco tostati.
Completare con l'ikura.

雑炊 ZOSUI

In origine questo piatto veniva preparato per recuperare riso e vari altri ingredienti avanzati, cotti insieme come una sorta di porridge. Oggi è diventato un piatto tipico dell'inverno in cui viene utilizzato il liquido di cottura del nabemono con l'aggiunta di riso e vari altri ingredienti a piacere. Come finitura, si aggiunge spesso un uovo intero sbattuto che si coagula a contatto del calore presente nel piatto.

per il zosui
500 g di dashi
25 g di salsa di soia
15 g di mirin
200 g di gohan
200 g di polpa di granchio
2 funghi shiitake freschi
2 uova
qb sale

per la finitura
qb mitsuba

PER IL ZOSUI
In una pentola, portare a bollore il dashi
e aggiungere i condimenti.
Aggiungere il gohan, la polpa di granchio e i funghi
shiitake tagliati a fette di 3 mm di spessore.
Cuocere per 10 minuti, versare le uova intere sbattute
e lasciarle coagulare per pochi secondi.

PER LA FINITURA
In un piatto da portata, servire il zosui e completare
con le foglie di mitsuba.

⌗ Donburi

Il termine *donburi* significa letteralmente "scodella" e si usa per indicare il particolare modo di servire il riso bianco cotto in una grande ciotola, accompagnato da tanti ingredienti stufati, bolliti o fritti come verdure, uova, carne, pesce, tempura. Il sapore del riso viene arricchito ed esaltato combinandosi a quello degli altri elementi rendendo il piatto molto appetitoso. Il donburi è un piatto veloce, gustoso, sostanzioso, molto popolare in Giappone e proposto in molteplici varianti.

Risalente al periodo Muromachi (1333-1573), in origine il donburi si chiamava *hohan* e prevedeva un accompagnamento di pesce e verdure al riso cotto, sul quale si versava una zuppa di miso calda.
Ancora oggi il riso del donburi viene condito con una salsa bollente a base di dashi, a cui si aggiunge salsa di soia e mirin, che varia a seconda della stagione e della regione geografica.

Nel periodo Edo (1603-1868) nascono le prime varianti di donburi: *tendon* a base di tempura e *unadon* a base di anguilla grigliata e laccata.

Al termine del rigido periodo Edo, il galateo di mangiare in un boccone ogni singolo elemento utilizzando le bacchette lasciò maggiore spazio all'usanza del piatto unico, del cibo da mangiare tutto insieme in una ciotola, cosicchè il consumo del donburi si diffuse fino a diventare molto popolare.
Successivamente, durante il periodo Meji (1868-1912), in cui si introdusse il consumo della carne, cominciarono a diffondersi anche i primi donburi a base di manzo, pollo, maiale.

Le varietà più conosciute di donburi sono:
- *kaisendon*, con pesce, crostacei, frutti di mare freschi, principalmente crudi;
- *gyudon*, con carne di manzo e cipolla stufati;
- *katsudon*, con cotoletta fritta di maiale (*tonkatsu*), cipolla e uova;
- *oyakodon*, con pollo e uova;
- *tekkadon*, con sashimi di tonno crudo oppure marinato (*zuke*);
- *tendon*, con tempura di ingredienti di stagione;
- *unadon*, con anguilla grigliata e laccata (*unagi no kabayaki*).

Oyako nabe,
padella per donburi.
A fianco, cottura
tradizionale dell'*unagi
no kabayaki* (anguilla
grigliata e laccata).

親子丼 OYAKODON

Il termine deriva da *oyako* che letteralmente significa "genitore e figlio", a simboleggiare il pollo e l'uovo che sono i principali ingredienti di questo donburi, forse tra i piatti più popolari in Giappone. Il piatto nasce nel periodo Meiji (1868-1912) in un ristorante nella zona di Nihonbashi a Tokyo, ancora in attività da più di 250 anni.

per il condimento
37,5 g di salsa di soia
60 g di mirin
10 g di zucchero semolato
200 g di dashi

per la frittata soffice di pollo
150 g di coscia di pollo
2 cipollotti
2 funghi shiitake freschi
4 fette sottili di carota
4 uova
qb mitsuba

per la finitura
400 g di gohan
qb ichimi togarashi

PER IL CONDIMENTO
In una bacinella, amalgamare tutti gli ingredienti.

PER LA FRITTATA SOFFICE DI POLLO
Tagliare la coscia di pollo a pezzi di 2 cm
e i cipollotti a fette diagonali di 1 cm.
Tagliare i funghi shiitake a fettine sottili di 3 mm.
Intagliare le fette di carota con un coppapasta
a forma di fiore di ciliegio.
In una bacinella, sbattere le uova e aggiungere il mitsuba.
In una pentola, versare il condimento e portare a bollore.
Aggiungere i pezzi di coscia di pollo e le fette di
cipollotto, di shiitake e di carota.
Cuocere per 7 minuti.
Versare il composto di uova e lasciarlo coagulare
per pochi secondi.

PER LA FINITURA
In un piatto da portata, disporre il gohan
e ricoprire con la frittata soffice di pollo.
Spolverare l'ichimi togarashi.

カ ツ 丼 KATSUDON

Il termine deriva da *katsu*, che significa "impanato fritto". Nasce nel periodo Meiji (1868-1912) e, come per l'oyakodon, si utilizza una particolare pentola tonda monoporzione dal manico verticale chiamata *oyakonabe*, utile a trasferire agevolmente il contenuto sulla superficie di riso nella ciotola.

per il condimento
37,5 g di salsa di soia
60 g di mirin
10 g di zucchero semolato
200 g di dashi

per il tonkatsu
2 braciole di maiale
20 g di farina di grano tenero
1 uovo
30 g di panko
qb olio di semi

*per la frittata soffice
di maiale*
2 cipollotti
4 uova

per la finitura
400 g di gohan
qb shichimi togarashi

PER IL CONDIMENTO
In una bacinella, amalgamare tutti gli ingredienti.

PER IL TONKATSU (COTOLETTA FRITTA DI MAIALE)
Infarinare le braciole di maiale, intingere nell'uovo intero sbattuto e impanare con il panko.
In una pentola, friggere a 180 °C per 5 minuti fino a cottura ultimata.
Scolare su carta da cucina e salare.

PER LA FRITTATA SOFFICE DI MAIALE
Tagliare i cipollotti a fette diagonali di 1 cm.
In una bacinella, spaccare le uova e sbatterle.
In una pentola, versare il condimento e portare a bollore.
Unire i cipollotti e cuocere per 5 minuti.
Aggiungere il tonkatsu, versare le uova intere sbattute e lasciarle coagulare per pochi secondi.

PER LA FINITURA
In un piatto da portata, disporre il gohan e ricoprire con la frittata soffice di maiale .
Spolverare il shichimi togarashi.

牛丼 GYUDON

Il termine deriva da *gyu*, abbreviazione di *wagyu*, il manzo giapponese. Questo donburi fonda le sue origini nel *gyu nabe*, un semplice stufato di manzo e cipollotti cotti in una pentola di ghisa; la ricetta venne introdotta nel periodo Meiji (1868-1912), quando in Giappone cominciarono a svilupparsi la produzione e il consumo di carne bovina.

per il condimento
60 g di salsa di soia
50 g di sake
50 g di mirin
45 g di zucchero semolato
200 g di dashi

per il wagyu stufato
250 g di fette sottili
di manzo wagyu
150 g di cipolla bianca
10g di zenzero

per la finitura
400 g di gohan
qb benishoga
qb shichimi togarashi

PER IL CONDIMENTO
In una bacinella, amalgamare tutti gli ingredienti.

PER IL WAGYU STUFATO
Tagliare le fette di manzo wagyu a striscioline di 3 cm.
Tagliare la cipolla a fette di 5 mm.
Sbucciare e tagliare lo zenzero a julienne.
In una pentola, versare il condimento e portare a bollore.
Aggiungere tutti gli ingredienti e cuocere per 30 minuti fino a cottura ultimata.

PER LA FINITURA
In un piatto da portata, disporre il gohan e ricoprire con il manzo wagyu stufato.
Aggiungere il benishoga e spolverare il shicimi togarashi.

天丼 TENDON

Il termine deriva da *ten*, abbreviazione di tempura, il tradizionale metodo di frittura giapponese. Al riso vengono aggiunti vari ingredienti di stagione fritti in tempura, su cui si versa una salsa a base di salsa di soia chiamata tentsuyu.

per la pastella di tempura

100 g di farina di grano tenero
1 cucchiaio di uovo intero
200 g di acqua naturale
1 cubetto di ghiaccio

per la tempura

4 gamberoni
100 g di filetto di kisu
160 g di filetto di grongo
qb farina di grano tenero
qb sale

per il tentsuyu

50 g di dashi
12,5 g di salsa di soia
12,5 g di mirin

per la finitura

400 g di gohan

PER LA PASTELLA DI TEMPURA

In una bacinella, versare l'acqua naturale
e 1 cubetto di ghiaccio.
Aggiungere un cucchiaio di uovo intero sbattuto.
Versare la farina poco alla volta e amalgamare
delicatamente con un paio di bacchette.

PER LA TEMPURA

Togliere la testa e il carapace dei gamberoni,
eliminare l'intestino, incidere il ventre.
Tagliate il filetto di grongo a metà.
Infarinare leggermente tutti gli ingredienti,
intingerli nella pastella e friggere a 180 °C per 5 minuti.
Scolare su carta da cucina e salare.

PER IL TENTSUYU

(SALSA DI ACCOMPAGNAMENTO DELLA TEMPURA)
In una pentola, portare a bollore il dashi
e aggiungere i condimenti. Lasciar evaporare l'alcool
per qualche minuto.
Lasciar raffreddare a temperatura ambiente.

PER LA FINITURA

In un piatto da portata, disporre il gohan e adagiare
la tempura. Versare il tentsuyu.

鰻丼 UNADON

Il termine deriva da *una*, abbreviazione di *unagi*, l'anguilla, in quanto viene aggiunta al riso la *unagi no kabayaki*, l'anguilla grigliata e laccata con una riduzione a base di salsa di soia e mirin. È il più antico donburi, nato nel periodo Edo (1603-1868). Viene servito sempre con una spolverata di sansho, il pepe selvatico giapponese.

per l'unagi dare

1 anguilla intera fresca
da 500 g
87,5 g di salsa di soia
25 g di sake
75 g di mirin
62,5 g di zucchero semolato

per l'unagi no kabayaki

1 filetto di anguilla

per la finitura

400 g di gohan
qb sansho

PER L'UNAGI DARE (SALSA DI ANGUILLA)
Pulire, sfilettare e spinare l'anguilla
ottenendo un unico filetto.
Prelevare la lisca e grigliarla fino a completa doratura.
In una pentola, portare a bollore tutti i condimenti.
Unire la lisca grigliata.
Ridurre il composto per 10-15 minuti fino a ottenere
la consistenza e il sapore desiderati.
Filtrare con un passino e lasciar raffreddare
a temperatura ambiente.

PER L'UNAGI NO KABAYAKI (ANGUILLA GRIGLIATA E LACCATA)
Inserire gli spiedi nel filetto di anguilla
e grigliare per 3 minuti da ciascun lato.
Togliere dal fuoco e cuocere a vapore per 5 minuti.
Lasciar raffreddare a temperatura ambiente.
Grigliare nuovamente da entrambi i lati
fino a cottura ultimata. A fine cottura, spennellare
l'unagi dare e lasciar caramellare.
Togliere l'unagi dalla griglia e sfilare gli spiedi.

PER LA FINITURA
In un piatto da portata, disporre il gohan e adagiare
l'unagi no kabayaki. Spolverare il sansho.

MEN (PASTA GIAPPONESE)

La pasta ha una storia millenaria: diffusa e consumata in tutto il mondo, è presente fin da tempi remoti nelle sue forme più primordiali. Ha origine in diverse parti del continente eurasiatico, per svilupparsi poi, in maniera parallela, indipendente e diversificata, dall'estremo Oriente fino alle aree mediterranee e Nordafricane.

Il primo cenno storico relativo ai men risale al periodo Heian (794-1185), quando in alcuni scritti, comparve la parola *hakutaku*, termine che aveva a che fare con la farina, da cui poi derivò il termine *hoto* per riferirsi a un tipo di pasta antenato dell'udon, simile a uno gnocco allungato.

I *men* (in Occidente conosciuti come *noodles*), diventati nel tempo parte integrante della tradizione culinaria in Giappone, costituiscono tutto l'insieme della pasta ottenuta mescolando farina e acqua, da cui si ottengono dei fili allungati di vario spessore. Per farina non si intende solo quella di grano, ma anche di altro tipo di cereali, legumi o tuberi.

I *men* sono un alimento versatile, ne esistono tantissime varietà e ricette a seconda della località, del tipo di impasto e di farina utilizzata. Diversi per forma, spessore e consistenza, possono essere accompagnati con vari condimenti o in brodo, con l'aggiunta di salse, saltati in padella, fritti, serviti freddi o caldi.

La **soba** è realizzata con farina di grano saraceno oppure un misto di farina di grano saraceno e farina di grano in percentuali variabili.
Gli **udon**, molto spessi e dalla consistenza elastica e morbida, sono di farina di grano e hanno un sapore piuttosto neutro, si prestano bene a essere accompagnati da salse, condimenti o in brodo.
I **ramen**, molto lunghi e sottili, sono di farina di grano, tradizionalmente serviti in brodo. Il brodo può essere di vario tipo, di mare o di terra, sempre cotto lentamente e molto a lungo per ottenere un sapore intenso e caratteristico.
I **somen**, molto sottili, sono di farina di grano, vengono lavorati a mano attraverso una particolare

Processo di lavorazione della pasta e strumenti

tecnica di allungamento della pasta con olio. Possono essere consumati caldi o freddi e guarniti con diversi ingredienti in base alla stagione.

Gli *hiyamugi*, finissimi e leggeri, sono prodotti con farina di grano, di spessore intermedio tra somen e udon. Si mangiano quasi sempre freddi (da qui il nome che letteralmente significa "grano freddo").

Gli *shirataki*, realizzati con la farina di una radice chiamata *konjac*, sono ricchi di fibre, privi di glutine e con una quantità minima di calorie. La radice viene raccolta, grattugiata, essiccata e ridotta in farina. In commercio si trovano secchi, da reidratare e bollire, oppure liquidi in sottovuoto, da risciacquare e condire.

Gli *harusame*, letteralmente "pioggia di primavera" per via del loro aspetto traslucido, sono fatti di fecola di patate o amido di fagioli verdi. Privi di glutine e dalla consistenza leggermente scivolosa, hanno un gusto piuttosto neutro, mantengono bene la cottura e assorbono prontamente i sapori in cui vengono immersi.

Il processo tradizionale utilizzato per la lavorazione della pasta inizia aggiungendo il sale marino alla farina macinata a pietra. Il contenuto di sale è fondamentale per lo sviluppo della giusta quantità di glutine nell'impasto.

L'impasto viene accuratamente mescolato e impastato con le dita, con movimenti ampi e circolari, in modo che la farina passi tra le dita e formi dei granelli. Tale processo si definisce sabbiatura.

Si aggiunge gradualmente acqua e si continua a sabbiare l'impasto affinché i granelli aumentino di volume. A seconda della qualità della farina utilizzata e dell'umidità presente, la quantità di acqua da aggiungere è variabile.

Quando la pasta forma dei granelli più grandi, si inizia a impastare in maniera standard, cercando di non inglobare troppa aria.

Si lascia riposare l'impasto ottenuto per far sviluppare il glutine e facilitare la successiva stesura. Dopo

alcune ore, l'impasto viene controllato per valutare il giusto livello di elasticità, infine steso in una sfoglia di forma rettangolare con un apposito mattarello. La sfoglia viene ripiegata e tagliata con l'aiuto di un regolatore al fine di uniformare lo spessore del taglio e formare fili di pasta più o meno sottili.

Alcune fasi del processo assumono denominazioni precise.

■ *Mizumawashi*: processo di sabbiatura, ottenuto mescolando l'impasto con le dita, con movimenti ampi e circolari, in modo che la farina passi tra le dita e formi dei granelli.

■ *Kone*: azione di impastare acqua e farina.

■ *Kikuneri*: particolare disposizione dell'impasto a forma di fiore, ottenuta tramite la lavorazione a mano.

■ *Nekashi*: fase di riposo dell'impasto per ottenere una consistenza liscia e omogenea e per facilitare la stesura.

■ *Noshi*: fase di stesura della pasta con il mattarello sul tagliere di legno per creare una sfoglia di forma rettangolare.

■ *Tatami*: ripiegare la sfoglia sul tagliere in diversi strati, in un senso e nell'altro.

■ *Kiri*: con il supporto di un apposito misuratore, tagliare la pasta con uno specifico coltello per pasta.

I principali strumenti utilizzati nel processo di lavorazione della pasta.
1. *Konebachi*: contenitore laccato per lavorare l'impasto.
2. *Membo*: mattarello di legno.
3. *Noshiita*: tagliere di legno.
4. *Hake*: spazzolina per pulire ed eliminare la farina in eccesso.
5. *Men kiri bocho*: coltello specifico per pasta.
6. *Furui*: setaccio per farina.
7. *Komaita*: regolatore di legno per impartire un taglio uniforme.

FASI DEL PROCESSO DI LAVORAZIONE DELLA PASTA

1. Setacciare la farina in un recipiente ampio e con base curva.

2. *Mizumawashi:* processo di sabbiatura.

3. Formare una palla conica.

4. *Noshi:* lavorare e stendere l'impasto fino a ottenere una sfoglia rettangolare.

5. *Tatami:* ripiegare la sfoglia a metà spargendo farina tra le due pieghe, poi a metà nell'altro senso.

6. *Kiri:* con l'aiuto dello specifico regolatore di legno, tagliare la sfoglia ripiegata con un coltello specifico per pasta.

KAESHI

返し

Il termine *kaeshi* deriva dal verbo *nikaesu*, che significa "riscaldare". Questo metodo, che consiste nel portare a bollore gli ingredienti e lasciarli poi raffreddare e riposare a lungo, consente di ottenere la massima concentrazione di sapore e di profumo della salsa.

per il kaeshi
160 g di salsa di soia
40 g di zucchero semolato
20 g di mirin

HONKAESHI
In una pentola, aggiungere tutti gli ingredienti, portare a 90 °C. Lasciar raffreddare e riposare in frigorifero per 1 settimana.

NAMAKAESHI
In una pentola, aggiungere lo zucchero semolato e il mirin, portare a 90 °C. Lasciar raffreddare e aggiungere la salsa di soia. Lasciar riposare in frigorifero per 2-4 settimane.

HANNAMAKAESHI
Miscelare i due tipi di condimento, l'honkaeshi e il namakaeshi. Conservare in frigorifero.

Kaeshi

È una miscela a base di salsa di soia e altri ingredienti principali, come zucchero e mirin. Viene versata sul fondo della ciotola, determinando il gusto del piatto; si utilizza principalmente con soba e udon.
Il fattore decisivo è lasciar riposare a lungo la salsa, da una settimana fino a un mese, affinché tutti gli ingredienti si armonizzino in un perfetto equilibrio di sapori.

Già dal periodo Edo (1603-1868), si definisce *tsuyu* la salsa in cui il kaeshi viene diluito con il dashi, il brodo giapponese tradizionale.
In passato, fino al 1952, l'unità di misura standard con cui si preparava il kaeshi era: 1 *to* (18 litri) di salsa di soia, 1 *sho* (1,8 litri) di mirin e 1 *kan* (3,75 kg) di zucchero. Esistono tre tipi di condimenti principali: *honkaeshi, namakaeshi* e *hannamakaeshi*.

蕎麦 Soba

Soba è il termine giapponese per indicare il grano saraceno. Più comunemente, con il termine soba ci si riferisce a un particolare tipo di pasta, molto popolare in Giappone, ottenuta impastando farina di grano saraceno e acqua. Il grano saraceno è il seme di una pianta erbacea annuale appartenente alla famiglia delle Poligonaceae (e non delle Graminaceae, pertanto non è un cereale), dalla forma triangolare, dall'aspetto grezzo e dalle ottime proprietà nutritive.

Lavorazione della soba.

Nel periodo Edo (1603-1868) si sviluppò la tecnica della lavorazione della pasta lunga. Pare simboleggiasse la lunga vita e divenne molto popolare, a tal punto che nel 1800 nella città di Edo, l'attuale Tokyo, i ristoranti di soba erano migliaia. Tuttora la soba è molto presente nella vita dei giapponesi, offerta in dono in occasione di un trasloco oppure servita come piatto beneaugurale di Capodanno (Oshogatsu).

In molti locali, la soba si produce artigianalmente, con priorità massima alla selezione della farina che deve essere di altissima qualità. La lavorazione non è semplice e va effettuata da mani esperte. La difficoltà nasce dal fatto che la farina di grano saraceno non contiene glutine, pertanto creare un impasto legato e omogeneo risulta molto difficile.
La soba fatta con il 100% di farina di grano saraceno tende a sminuzzarsi, pertanto a volte si integra all'impasto una percentuale di farina di grano. In base al tipo e alla quantità di farina di grano saraceno presente, si hanno varie tipologie di soba:

- *juwari soba*, con 100% di grano saraceno;
- *sarashina soba*, sottile, leggermente colorata, fatta con grano saraceno raffinato, la più pregiata;
- *inaka soba* (soba di campagna), spessa e fatta con grano saraceno integrale;
- *tororo soba* o *jinenjo soba*, insaporita con *yamaimo*, una patata lunga selvatica;
- *cha soba*, insaporita con tè verde in polvere;
- *nihachi soba* (*ni* significa 2 e *hachi* 8), composta da due parti di farina di grano e otto di farina di grano saraceno.

Per produrre la soba occorre una farina estremamente fine, macinata più volte e una grande abilità manuale. In base alla stagione, alla temperatura e al grado di umidità presente, si determina la quantità di acqua necessaria all'impasto. Generalmente la quantità di acqua per l'impasto è pari alla metà della farina di grano saraceno. Si stende l'impasto con un mattarello fino a ottenere una sfoglia sottile di circa 1 mm che si ripiega e si taglia con un apposito coltello per soba (*soba*

Soba.

kiri). Con il supporto di un regolatore di legno (*komaita*) si ottengono fili di pasta lunghi fino a circa 50 cm.

Si possono consumare due tipologie di soba: *mori soba* e *kake soba*. La **mori soba**, che si gusta fredda, consiste nell'intingere la pasta in una salsa a base di dashi e salsa di soia, chiamata *men tsuyu*. Dopo aver cotto la soba in abbondante acqua bollente, si preleva dall'acqua con le bacchette, si scola con l'aiuto di un tipico cestino di bambù (*zaru*), si versa in acqua fredda per renderla più consistente, si scola dall'acqua e si serve direttamente fredda.

Al momento di consumarla, si versa in una ciotolina chiamata *inokuchi*, una salsa chiamata *soba tsuyu* contenuta in una bottiglietta di terracotta chiamata *tokkuri*. Alla salsa si aggiungono di solito cipollotti tagliati finissimi e wasabi, oppure alga nori tagliata sottilmente (*zaru soba*). Si immerge l'estremità della soba nella salsa e si deglutisce quasi senza masticare, così da godere principalmente della consistenza e della fragranza della pasta nella bocca e nel canale olfattivo. Questo piatto è molto popolare nei mesi estivi. Solitamente, dopo aver consumato la soba, si beve il liquido rimasto nella scodella con l'aggiunta di acqua di cottura della pasta.

La **kake soba** si serve calda, versando sulla pasta un brodo condito con una salsa a base di soia, chiamato *kake tsuyu*. Lo *tsuyu* per la *kake soba* è più liquido rispetto a quello usato per la soba fredda.

Esistono numerose varianti di soba calda, spesso accompagnate dal shichimi togarashi, una miscela di sette spezie giapponesi selezionate in vario modo secondo le ricette locali.

Queste sono le ricette di soba più popolari:

- *kitsune soba*, guarnita con abura age (tofu fritto stufato);
- *tempura soba*, guarnita con vari tipi di ingredienti di stagione in tempura;
- *tanuki soba*, guarnita con tenkasu (pezzettini di pastella di tempura fritta);
- *tsukimi soba*, guarnita con uovo crudo;
- *tororo soba*, guarnita con tororo, un composto a base di yamaimo grattugiato;
- *kamo nanban* soba, servita con porri, a cui spesso si aggiunge carne di anatra.

È costume giapponese sorbire rumorosamente la soba calda. Tale consuetudine non è da considerarsi un gesto ineducato, serve a far affluire l'aria insieme alla pasta così da esaltarne il sapore e l'aroma al momento della degustazione.

IMPASTO PER SOBA

蕎麦生地

La lavorazione della soba è un processo molto complesso: a causa dell'assenza di glutine, l'impasto tende a spezzarsi facilmente e ciò non favorisce la stesura della pasta. In Giappone si dice che per una soba eccellente occorrono tre anni per imparare a creare perfettamente un impasto duttile, liscio e omogeneo, tre mesi per imparare a stenderlo e tre giorni per imparare a tagliarlo.

per l'impasto
240 g di farina
di grano saraceno
60 g di farina di grano
tenero per pasta
135 g di acqua naturale
5 g di sale

NIHACHI SOBA
Setacciare le farine di grano saraceno e di grano tenero.
In una bacinella, sabbiare le farine aggiungendo
¾ dell'acqua a disposizione precedentemente salata.
Versare tutta l'acqua rimanente,
impastare e formare una palla.
Stendere l'impasto con un mattarello,
creare una sfoglia di 1,5 mm di spessore.
Infarinare, ripiegare e tagliare la sfoglia formando
fili di pasta di 1,5 mm di spessore.

per l'impasto
300 g di farina
di grano saraceno
150 g di acqua naturale

JUWARI SOBA
Setacciare la farina di grano saraceno.
In una bacinella, sabbiare la farina aggiungendo
¾ dell'acqua a disposizione.
Versare tutta l'acqua rimanente,
impastare e formare una palla.
Stendere l'impasto con un mattarello,
creare una sfoglia di 1,5 mm di spessore.
Infarinare, ripiegare e tagliare la sfoglia formando
fili di pasta di 1,5 mm di spessore.

ざる蕎麦

ZARU SOBA

Zaru è il tradizionale cestino utilizzato per scolare la pasta giapponese. Nel periodo Edo (1603-1868) si consumava la cosiddetta *mori soba*, lasciata raffreddare in acqua fredda per ottimizzare la consistenza, scolata nello *zaru* e semplicemente servita. Dal periodo Meiji (1868-1912) nasce la *zaru soba*, servita con un brodo più pregiato e presentata con l'aggiunta di alcune finiture come alga nori o cipollotti tagliati finemente a rondelle.

per lo zaru soba tsuyu
100 g di kaeshi
300 g di dashi

per la zaru soba
200 g di soba

per la finitura
qb alga nori
qb cipollotto
qb wasabi grattugiato

PER LO ZARU SOBA TSUYU (SALSA PER SOBA FREDDA)
In una pentola, versare il kaeshi e il dashi
e portare a 90 °C. Far raffreddare e lasciar riposare
in frigorifero per 1 giorno.

PER LA ZARU SOBA (SOBA FREDDA)
In una pentola, cuocere la soba in acqua bollente
e scolare. Sciacquare e raffreddare in acqua fredda.
Scolare nuovamente.

PER LA FINITURA
In un piatto da portata, adagiare la soba.
Aggiungere sulla superficie l'alga nori tagliata
finemente a julienne.
Accompagnare con il cipollotto tagliato a rondelle,
il wasabi grattugiato e lo zaru soba tsuyu in una ciotola.

天
ぷ
ら
蕎
麦

TEMPURA SOBA

Considerata la regina della soba, è un piatto molto popolare, risalente al periodo Edo (1603-1868). Si ritrovano tante citazioni della tempura soba anche nei *senryu*, brevi componimenti poetici popolari, spesso ironici o cinici, in cui si raccontavano le debolezze umane e i paradossi del vivere quotidiano.

per il kake soba tsuyu
110 g di kaeshi
700 g di dashi

per la soba
200 g di soba

per la pastella di tempura
100 g di farina
di grano tenero
1 cucchiaio di uovo
intero sbattuto
200 g di acqua naturale
1 cubetto di ghiaccio

per la tempura
di gamberoni
4 gamberoni
qb farina di grano tenero
qb sale

per la finitura
qb cipollotto

PER IL KAKE SOBA TSUYU (BRODO CALDO PER SOBA)
In una pentola, versare il kaeshi e il dashi
e portare a 90 °C.

PER LA SOBA
In una pentola, cuocere la soba in acqua bollente
e scolare. Sciacquare e raffreddare in acqua fredda.
Scolare. Scaldare nuovamente in acqua bollente
per qualche secondo e scolare.

PER LA PASTELLA DI TEMPURA
In una bacinella, versare l'acqua naturale
e 1 cubetto di ghiaccio.
Aggiungere 1 cucchiaio di uovo intero sbattuto.
Versare la farina poco alla volta e amalgamare
delicatamente con un paio di bacchette.

PER LA TEMPURA DI GAMBERONI
Togliere la testa e il carapace dei gamberoni,
eliminare l'intestino, incidere il ventre.
Infarinare leggermente, intingere nella pastella
e friggere a 180 °C per 5 minuti.
Scolare su carta da cucina e salare.

PER LA FINITURA
In un piatto da portata, versare il kake soba tsuyu
e disporre la soba tiepida.
Aggiungere la tempura di gamberoni
e il cipollotto tagliato a rondelle.

Udon

うどん

Gli udon sono un particolare tipo di pasta fatta a mano, a base di farina di grano, sale e acqua, molto popolare in Giappone. Più spessi e consistenti rispetto alla soba, sono elastici e di colore chiaro. Vengono serviti caldi o freddi, asciutti o immersi in vari tipi di brodo condito (*tsuyu*).

L'origine degli udon risale probabilmente al periodo Nara (710-794). Successivamente, nel periodo Muromachi (1333-1573), furono considerati cibo esclusivo dell'aristocrazia o dei monaci buddhisti, da consumare in occasione di ricorrenze o cerimonie. Solo a partire dal periodo Edo (1603-1868) cominciarono a diffondersi tra il popolo come un piatto gustoso da mangiare anche velocemente.

Gli udon si diversificano molto in base all'area geografica: a Tokyo e nel Nord del Giappone si servono con un brodo molto condito a base di salsa di soia scura (*koikuchi shoyu*); a Kyoto e nel Sud si preferisce un sapore più delicato, il brodo è meno condito ed è a base di una salsa di soia chiara (*usukuchi shoyu*).

La caratteristica principale degli udon è una perfetta elasticità dovuta al sale che rende l'impasto modellabile e flessibile. Questo aspetto consente di realizzare gli udon in due modi.

Il metodo più classico e tradizionale è quello di ricoprire l'impasto con una pellicola o un tessuto apposito e di pestarlo con i piedi, così che il movimento e il peso del corpo possano distribuirlo uniformemente fino a ridurlo allo

Cottura degli udon.

IMPASTO PER UDON

うどん生地

Anticamente gli udon si preparavano e si consumavano in occasione delle festività giapponesi, mentre oggi sono un piatto molto diffuso e popolare da consumare ogni giorno. L'impasto è a base di farina di grano tenero, molto consistente e caratterizzato da poca quantità di acqua e sale, tradizionalmente lavorato a mano da anziani artigiani.

per l'impasto
300 g di farina di grano
tenero per pasta
130 g di acqua naturale
15 g di sale

PREPARAZIONE

Setacciare la farina di grano tenero.
In una bacinella, sabbiare la farina aggiungendo ¾ dell'acqua a disposizione, precedentemente salata.
Versare tutta l'acqua rimanente, impastare e formare una palla.
Lasciar riposare l'impasto in un sacchetto per 15 minuti.
Impastare per 20 minuti fino a ottenere un impasto liscio e omogeneo.
Formare una palla, lasciar riposare l'impasto nel sacchetto a temperatura ambiente (genericamente per 1 ora con clima caldo, per 2 ore con clima freddo).
Stendere l'impasto con un mattarello, creare una sfoglia di 3 mm di spessore.
Infarinare, ripiegare e tagliare la sfoglia formando fili di pasta di 3 mm di spessore.

spessore desiderato. L'operazione viene ripetuta finché assume la consistenza liscia e setosa che difficilmente si potrebbe ottenere impastando a mano. Una volta ripiegato e lasciato riposare, l'impasto viene tagliato con il coltello creando i *teuchi udon*.
Il secondo metodo prevede una lavorazione a mano. L'impasto viene tirato e allungato a mano più volte, fino a ottenere fili di pasta molto lunghi, più o meno sottili.

Dopo aver cotto gli udon in abbondante acqua bollente, si prelevano con le bacchette e si scolano con l'aiuto di un tipico cestino di bambù (*zaru*). Si versano in acqua fredda per ottenere una consistenza elastica. Si scolano dall'acqua e si servono direttamente freddi oppure scaldati nuovamente in acqua calda e conditi. Famosi in Giappone sono i *sanuki udon*, prodotti artigianalmente nella prefettura di Kagawa, anticamente chiamata Sanuki.

ZARU UDON

ざるうどん

Zaru è un tradizionale cestino utilizzato per scolare la pasta giapponese. Gli zari udon sono un piatto tipico tradizionale che si consuma principalmente in estate, dalla consistenza liscia e scivolosa, molto piacevole da gustare.

per lo zaru udon tsuyu
100 g di kaeshi
300 g di dashi

per gli zaru udon
200 g di udon

per la finitura
qb katsuobushi
qb alga nori
qb cipollotto
qb zenzero grattugiato

PER LO ZARU UDON TSUYU (SALSA PER UDON FREDDI)
In una pentola, versare il kaeshi e il dashi
e portare a 90 °C. Far raffreddare e lasciar riposare
in frigorifero per 1 giorno.

PER GLI ZARU UDON (UDON FREDDI)
In una pentola, cuocere gli udon in acqua bollente
e scolare. Sciacquare e raffreddare in acqua fredda.
Scolare nuovamente.

PER LA FINITURA
In un piatto da portata, adagiare gli zaru udon.
Aggiungere sulla superficie il katsuobushi e l'alga nori
tagliata finemente a julienne.
Accompagnare con il cipollotto tagliato a rondelle,
lo zenzero grattugiato e lo zaru udon tsuyu
in una ciotola.

KITSUNE UDON

きつねうどん

Il termine *kitsune* significa "volpe", animale che si trova spesso nelle leggende del folklore giapponese. Il suo colore dorato richiama quello dell'abura age, il tofu fritto presente tra gli ingredienti di questo piatto che viene servito caldo in brodo.

per il kake udon tsuyu

80 g di kaeshi
750 g di dashi
qb sale

per gli udon

200 g di udon

per l'abura age stufato

2 abura age
60 g di dashi
30 g di salsa di soia
30 g di mirin
30 g di zucchero semolato

per la finitura

4 fette di kamaboko
qb cipollotto
qb shichimi togarashi

PER IL KAKE UDON TSUYU (BRODO CALDO PER UDON)
In una pentola, versare il kaeshi e il dashi
e portare a 90 °C. Condire con il sale.

PER GLI UDON
In una pentola, cuocere gli udon in acqua bollente
e scolare. Sciacquare e raffreddare in acqua fredda.
Scolare. Scaldare nuovamente in acqua bollente
per qualche secondo e scolare.

PER L'ABURA AGE STUFATO (TOFU FRITTO STUFATO)
In una pentola, lessare gli abura age per 2-3 minuti
in acqua bollente. Scolare e strizzare per eliminare
l'acqua in eccesso.
In una pentola, unire gli abura age lessati
e tutti i condimenti. Coprire con un coperchio.
Portare a bollore e cuocere per 10 minuti.
Scolare leggermente e tagliare gli abura age a metà.

PER LA FINITURA
In un piatto da portata, versare il kake udon tsuyu
e disporre gli udon tiepidi.
Aggiungere sopra gli abura age stufati, le fette
di kamaboko e il cipollotto tagliato a rondelle.
Spolverare con il shichimi togarashi.

RAMEN

ラーメン

Il ramen è un piatto di origine cinese, una combinazione di pasta fresca e di vari ingredienti in brodo dal sapore intenso e gustoso. Introdotto in Giappone tra la fine del periodo Meiji (1868-1912) e l'inizio del periodo Taisho (1912-1926), inizialmente fu definito *nankin soba* (Nankin era l'antico nome dell'attuale Cina) o *shinano soba*. Dal 1946, dopo la Seconda guerra mondiale, i giapponesi cominciarono a chiamarlo comunemente *chukasoba*, la soba cinese (Chuka è la Cina). Solo dal 1958 sarà riconosciuto e applicato in Giappone il termine cinese autentico di ramen, usato ancora oggi. Il ramen è così entrato a far parte della cucina nazionale giapponese e si è modificato, evoluto e perfezionato nel tempo secondo le diverse regioni geografiche, le materie prime utilizzate, il tipo di brodo e il tipo di pasta.

I ramen sono un formato di pasta lunga fatti con farina di grano e *kansui*, acqua alcalina a base di carbonato di potassio e bicarbonato di sodio, che regola l'acidità nel processo di produzione della pasta.

Il *kansui* è l'ingrediente caratteristico nella preparazione dei ramen, ed è quello che conferisce alla pasta il classico colore giallo, il particolare sapore e la tipica consistenza elastica.

Lo spessore della pasta può essere di quattro tipi: sottile, mediamente sottile, medio, grosso. Anche la forma può variare da allungata e distesa ad arricciata.

I ramen si cuociono in abbondante acqua bollente e si accompagnano a un brodo condito con una varietà di elementi.

I principali tipi di brodo sono a base di soia (*shoyu*), a base di sale (*shio*), a base di maiale (*tonkotsu*) e a base di miso.

Mentre in Cina serve per numerose altre ricette, in Giappone il brodo per ramen viene preparato e impiegato unicamente per questa preparazione. Si può utilizzare una base di semplice dashi, oppure di brodo di pollo, di maiale, di manzo. Si possono scegliere ingredienti singoli da aggiungere o un insieme di ingredienti diversi, scelti anche in base alle aree ge-

ografiche del Giappone. Il brodo può essere servito in due modi, trasparente o torbido.

I principali accompagnamenti del ramen sono il chashu (brasato di maiale), il nitamago (uovo sodo marinato dal cuore tenero), i cipollotti, il menma (bambù fermentato, essiccato e stufato), l'aomono (verdure verdi o alghe fresche, scottate, marinate o lessate), il narutomaki detto naruto, l'alga nori, l'ajitsuke kikurage (funghi croccanti stufati), i semi di sesamo, lo zenzero marinato, pesce o verdure saltate in padella, l'aglio stufato o fritto, infine l'olio aromatizzato piccante in base alle varianti regionali del Sud o del Nord.

Preparazione del ramen in un ristorante.

IMPASTO PER RAMEN

麺
生
地

La pasta ramen veniva prodotta massivamente in formato standard da specialisti con l'aiuto di macchinari per pasta specifici. Dagli anni '90 entrano in commercio macchine per pasta professionali più piccole per una produzione autonoma nei singoli ristoranti, con la possibilità di creare spessori e formati extra-standard, in base al tipo di brodo e di condimento scelto dallo chef.

per l'impasto

500 g di farina di grano
tenero per pasta
220 g di acqua naturale
5 g di kansui
in polvere
5 g di sale

PREPARAZIONE

Sciogliere il sale e il kansui in polvere nell'acqua naturale. In una bacinella, sabbiare la farina aggiungendo ¾ dell'acqua a disposizione.
Versare tutta l'acqua rimanente, impastare e formare una palla. Lasciar riposare l'impasto in un sacchetto per 15 minuti. Impastare per 20 minuti fino a ottenere un impasto liscio e omogeneo. Formare una palla, lasciar riposare l'impasto nel sacchetto a temperatura ambiente (genericamente per 1 ora con clima caldo, per 2 ore con clima freddo). Stendere l'impasto con un mattarello, creare una sfoglia di 1,5 mm di spessore.
Infarinare, ripiegare e tagliare la sfoglia formando fili di pasta di 1,5 mm di spessore.

per l'impasto all'uovo

500 g di farina di grano
tenero per pasta
100 g di uova
120 g di acqua naturale
5 g di kansui
in polvere
5 g di sale

PREPARAZIONE

Sciogliere il sale e il kansui in polvere nell'acqua naturale. Aggiungere le uova intere sbattute e amalgamare. In una bacinella, sabbiare la farina aggiungendo ¾ dell'acqua all'uovo a disposizione. Aggiungere tutta l'acqua all'uovo rimanente, impastare e formare una palla. Lasciar riposare l'impasto in un sacchetto per 15 minuti. Impastare per 20 minuti per ottenere un impasto liscio e omogeneo. Formare una palla, lasciar riposare l'impasto nel sacchetto a temperatura ambiente (generalmente per 1 ora con clima caldo, per 2 ore con clima freddo). Stendere l'impasto con un matterello, creare una sfoglia di 1,5 mm di spessore.
Infarinare, ripiegare e tagliare la sfoglia formando fili di pasta di 1,5 mm di spessore.

PRINCIPALI ACCOMPAGNAMENTI DEL RAMEN

Il ramen diventa popolare durante il periodo Meiji (1868-1912). All'epoca veniva servito in modo molto essenziale, in una ciotola di brodo a base di salsa di soia, in cui si versava la pasta con altri ingredienti. Il ramen attuale è molto più ricco e caratterizzato da una grande varietà di accompagnamenti e finiture che cambiano in base alla località geografica.

per il chashu
(circa 20 fette)

1 kg di pancetta di maiale
500 g di salsa di soia
100 g di sake
100 g di mirin
1 spicchio di aglio
1 fetta di zenzero
30 g di alga kombu
1,5 kg di acqua naturale

叉焼 ## CHASHU (BRASATO DI MAIALE)

Arrotolare e legare la pancetta di maiale con uno spago.
Rosolare in padella da tutti i lati.
In una pentola, unire tutti gli ingredienti e cuocere per 90 minuti.
Lasciar raffreddare per 2-3 ore in frigorifero. Tagliare a fette sottili.

PRINCIPALI ACCOMPAGNAMENTI DEL RAMEN

per il nitamago

1 uovo

qb aceto di riso

60 g di salsa di soia

30 g di mirin

15 g di zucchero semolato

45 g di acqua naturale

煮玉子 **NITAMAGO** (UOVO SODO MARINATO)

In una pentola, unire la salsa di soia, il mirin, lo zucchero semolato e l'acqua naturale. Portare a bollore e lasciar raffreddare a temperatura ambiente.

In una pentola, cuocere l'uovo in acqua bollente acidulata per 6 minuti.

Lasciar raffreddare e sgusciare delicatamente.

Inserire le uova nella marinatura e lasciar riposare in frigorifero per 2 ore.

per l'aomono

50 g di spinaci

青物 **AOMONO**

(VERDURA LESSATA)

In una pentola, lessare gli spinaci per 1 minuto in acqua bollente salata. Scolare e lasciar raffreddare in acqua e ghiaccio. Scolare, strizzare e tagliare a tocchetti di 5 cm.

per il menma

10 g di menma essiccato

60 g di dashi

7,5 g di salsa di soia

2 g di zucchero di canna

メンマ MENMA (BAMBÙ STUFATO)

Cuocere il menma essiccato in acqua bollente per 24 ore, cambiando l'acqua di cottura tre volte. Scolare.
In una pentola, portare a bollore il dashi e aggiungere i condimenti. Aggiungere il menma lessato, coprire con il coperchio e cuocere per 1 ora. Lasciar raffreddare a temperatura ambiente.

per l'ajitsuke kikurage

10g di kikurage secchi

10g di salsa di soia

5g di sake

5g di mirin

qb olio di semi di sesamo

qb peperoncino

味付けキクラゲ AJITSUKE KIKURAGE

(FUNGHI CROCCANTI STUFATI)

Ammollare i funghi kikurage in acqua naturale per 6 ore. Scolare e tagliare a julienne.
Tagliare il peperoncino a julienne.
In una padella, scottare i funghi per 2-3 minuti con un filo di olio di semi di sesamo.
Aggiungere il peperoncino e tutti i condimenti.
Cuocere per qualche minuto fino a cottura ultimata.

醤油ラーメン SHOYU RAMEN

Ramen con brodo a base di salsa di soia. È il ramen originario, il più antico e tradizionale, che nasce ad Asakusa, Tokyo. Di solito, quando si nomina il ramen, si intende proprio lo shoyu ramen.

per il brodo
250 g di gallina
¼ di cipolla
60 g di porro
½ spicchio di aglio
1 fetta di zenzero
15 g di katsuobushi
2,5 g di alga kombu
3 kg di acqua naturale

per la salsa base
45 g di salsa di soia
2 g di sake
2 g di mirin
2 g di aceto di riso
5 g di sale
1 g di katsuobushi
1 g di alga kombu
1 g di aglio
1 fetta di zenzero
20 g di acqua naturale

per la pasta ramen
200 g di pasta ramen

per la finitura
4 fette di chashu
1 nitamago
50 g di menma
qb cipollotto

PER IL BRODO
In una pentola, unire tutti gli ingredienti,
portare a bollore e cuocere per 6 ore.
Se necessario, aggiungere acqua in fase di cottura.
Cuocere fino a ottenere 500 g di brodo a porzione.
Filtrare con un passino rivestito di sarashi.

PER LA SALSA BASE
In una pentola, unire tutti gli ingredienti
e portare a bollore.
Filtrare con un passino rivestito di sarashi.

PER LA PASTA RAMEN
In una pentola, cuocere la pasta ramen in acqua bollente
per qualche minuto. Scolare.

PER LA FINITURA
In un piatto da portata, versare la salsa base e il brodo
e aggiungere la pasta ramen.
Adagiare le fette di chashu, il nitamago tagliato a metà
e il menma. Completare con il cipollotto tagliato
finemente a rondelle.

塩
ラ
ー
メ
ン

SHIO RAMEN

Ramen con brodo a base di sale. È uno dei più tradizionali insieme allo shoyu ramen. Il nome *shio*, "sale", fa riferimento ai molti ingredienti di mare, sia freschi sia essiccati, presenti in questo ramen, la cui origine è la città di Hakodate, nell'isola di Hokkaido, una zona particolarmente ricca di frutti di mare.

per il brodo

200 g di vongole
15 g di crostacei o molluschi essiccati
150 g di gallina
½ cipolla
½ spicchio di aglio
1 fetta di zenzero
5 g di katsuobushi
2,5 g di alga kombu
3 kg di acqua naturale

per la salsa base

5 g di sale
40 g di salsa di soia bianca
5 g di aceto di riso
qb peperoncino
1 g di aglio
20 g di acqua naturale

per la pasta ramen

200 g di pasta ramen

per la finitura

4 fette di chashu
50 g di menma
50 g di spinaci lessati
qb cipollotto
qb scorza di yuzu

PER IL BRODO

In una pentola, unire tutti gli ingredienti,
portare a bollore e cuocere per 6 ore.
Se necessario, aggiungere acqua in fase di cottura.
Cuocere fino a ottenere 500 g di brodo a porzione.
Filtrare con un passino rivestito di sarashi.

PER LA SALSA BASE

In una pentola, unire tutti gli ingredienti
e portare a bollore.
Filtrare con un passino rivestito di sarashi.

PER LA PASTA RAMEN

In una pentola, cuocere la pasta ramen in acqua bollente
per qualche minuto. Scolare.

PER LA FINITURA

In un piatto da portata, versare la salsa base e il brodo
e aggiungere la pasta ramen.
Adagiare le fette di chashu, il menma e gli spinaci lessati.
Completare con il cipollotto affettato e la scorza di yuzu
tagliata finemente a julienne.

豚骨ラーメン TONKOTSU RAMEN

Ramen con brodo di maiale. Nasce durante il periodo Showa (1926-1989) a Fukuoka, nell'isola del Kyushu, una delle regioni con maggiore produzione e consumo di carne di maiale del Giappone. La caratteristica principale di questo ramen è il brodo piuttosto denso e torbido e la pasta particolarmente sottile.

per il brodo
½ zampetto di maiale
150 g di gallina
½ spicchio di aglio
1 fetta di zenzero
3 kg di acqua naturale

per la salsa base
20 g di liquido di cottura del chashu
5 g di salsa di soia
5 g di sale
1 g di katsuobushi
1 g di alga kombu
40 g di acqua naturale

per la pasta ramen
200 g di pasta ramen

per la finitura
4 fette di chashu
1 nitamago
50 g di ajitsuke kikurage
qb cipollotto
qb benishoga
qb semi di sesamo bianco tostati

PER IL BRODO

In una pentola, unire tutti gli ingredienti,
portare a bollore e cuocere per 12 ore.
Se necessario, aggiungere acqua in fase di cottura.
Cuocere fino a ottenere 500 g di brodo a porzione.
Filtrare con un passino rivestito di sarashi.

PER LA SALSA BASE

In una pentola, unire tutti gli ingredienti
e portare a bollore.
Filtrare con un passino rivestito di sarashi.

PER LA PASTA RAMEN

In una pentola, cuocere la pasta ramen in acqua bollente
per qualche minuto. Scolare.

PER LA FINITURA

In un piatto da portata, versare la salsa base e il brodo
e aggiungere la pasta ramen.
Adagiare le fette di chashu, il nitamago tagliato a metà
e l'ajitsuke kikurage.
Completare con il cipollotto tagliato finemente
a rondelle, il benishoga e i semi di sesamo bianco tostati.

味噌ラーメン

MISO RAMEN

Nasce durante il periodo Showa (1926-1989) a Sapporo, capoluogo dell'Hokkaido, l'isola più a nord del Giappone. Questo ramen ha origine dall'intuizione di un ristoratore locale che volle valorizzare il miso, insaporitore d'eccellenza e uno dei prodotti giapponesi più tipici.

per il brodo
250 g di gallina
¼ di cipolla
60 g di porro
½ spicchio di aglio
1 fetta di zenzero
15 g di katsuobushi
2,5 g di alga kombu
3 kg di acqua naturale

per la salsa base
30 g di miso
3 g di salsa di soia
3 g di sake
3 g di sale
3 g di zucchero semolato
3 g di semi di sesamo
bianco tostati
qb peperoncino
1 g di aglio
1 fetta di zenzero

per le verdure scottate
100 g di cavolo bianco
50 g di cipollotto
125 g di moyashi
40 g di chicchi di mais fresco
1 spicchio di aglio
qb olio di semi di sesamo
qb sale

per la pasta ramen
200 g di pasta ramen

per la finitura
qb burro

PER IL BRODO

In una pentola, unire tutti gli ingredienti, portare a bollore e cuocere per 6 ore.
Se necessario, aggiungere acqua in fase di cottura.
Cuocere fino a ottenere 500 g di brodo a porzione.
Filtrare con un passino rivestito di sarashi.

PER LA SALSA BASE

In una pentola, unire tutti gli ingredienti e portare a bollore. Lasciar raffreddare il composto a temperatura ambiente.

PER LE VERDURE SCOTTATE

Tagliare il cavolo bianco a fette di 3 cm.
Tagliare il cipollotto a fette diagonali di 1,5 cm.
In una padella, soffriggere l'aglio con un filo di olio di semi di sesamo.
Aggiungere il cavolo bianco e il cipollotto e scottare per pochi minuti. Unire le altre verdure, cuocere per qualche minuto. Condire con il sale.

PER LA PASTA RAMEN

In una pentola, cuocere la pasta ramen in acqua bollente per qualche minuto. Scolare.

PER LA FINITURA

In un piatto da portata, versare la salsa base e il brodo e aggiungere la pasta ramen.
Completare con le verdure scottate e una noce di burro.

AGEMONO (FRITTO)

揚物

Il termine "agemono" si riferisce alla categoria del cibo fritto. L'etimologia ha varie derivazioni, probabilmente la più attendibile è quella derivante dal portoghese *tempero*, "sapore", oppure *temperar*, che significa "friggere".

Già nel periodo Nara (710-794) si utilizzavano metodi di frittura, ma la produzione di olio di semi vegetali (di sesamo e di cotone) era talmente ridotta che friggere il cibo era considerato un metodo costoso e raro, quindi poco diffuso.
Nel periodo Edo (1603-1868) comincia ad aumentare la produzione di olio e la frittura diventa sempre più popolare. Il pesce pescato nella baia della città di Edo comincia a essere fritto e servito al momento, e si diffonde la consuetudine di consumare il cibo per strada, come nel caso del sushi e della soba. Oltre alla tempura, nascono in questo periodo tantissime altre varietà di frittura che troviamo ancora oggi: il *kaki age* (frittelline di verdure o pesce), l'*isobe age* (con alga nori o aonori nella pastella), il *satsuma age* (polpette di pesce), il *kara age*

(pollo fritto), il *tatsuta age* (cibo fritto marinato e spolverato con fecola di patate), il *tonkatsu* (cotoletta di maiale fritta), il *kushikatsu* (spiedini di carne, verdure o pesce, impanati e fritti) e i *korokke* (crocchette di carne o pesce, spesso anche di verdure e di patate).

Esistono tre principali metodi per friggere:
■ gli alimenti vengono fritti direttamente senza un rivestimento di farina o pastella conservando un aspetto e un colorito naturale;
■ i cibi vengono marinati in una miscela di condimenti prima di essere fritti;
■ gli alimenti vengono infarinati e ricoperti di pastella prima di essere fritti.

La tempura in particolare è forse la tecnica di frittura giapponese più famosa; può essere a base di pesce, crostacei e frutti di mare o verdure di stagione. Tutti i singoli elementi vengono infarinati leggermente e immersi in una specifica pastella che conferisce alla frittura massima leggerezza, croccantezza e friabilità.

In Giappone si possono contare numerosi ristoranti specializzati in tempura, ma è una pratica consueta anche a casa. La preparazione non è troppo complessa, tuttavia una maggiore abilità del cuoco influisce certamente sul risultato finale. C'è un detto giapponese che dice: *taneshichibu ni udesanbu*, vale a dire "un'ottima tempura è 70% qualità degli ingredienti di stagione e 30% bravura del cuoco".

La pastella di tempura è a base di acqua fredda naturale (l'acqua frizzante naturale non è presente in Giappone), uovo e farina di grano tenero debole. Si amalgamano acqua e uovo intero sbattuto, il composto si chiama *tamagomizu* (acqua all'uovo). Si aggiunge la farina delicatamente per evitare la crescita di glutine. In Giappone la pastella che diventa elastica a causa del glutine si chiama *ashigaderu*; la pastella fatta solo con tuorli d'uovo si chiama *kimpura* (tempura d'oro); se fatta soltanto con gli albumi si chiama *gimpura* (tempura d'argento).
I maestri chef giapponesi spesso usano una miscela di oli per friggere: se prevale l'olio di semi di cotone, il colore della tempura sarà più chiaro (*shirotempura*), se prevale l'olio di semi di sesamo la colorazione sarà di un dorato intenso (*kurotempura*). In fase di frittura, si devono colare gocce di pastella intorno agli ingredienti creando un tipico "effetto corallo" chiamato fioritura (*hanawosakaseru*).
La tempura prelevata dalla pentola si lascia scolare su un'apposita griglia di acciaio (*tendai*).

Solitamente la tempura, così come il sushi, si serve al banco davanti ai clienti e viene impiattata su una tipica carta artigianale ripiegata da sinistra a destra, come a richiamare l'antico *kaishi* o *futokorogami*, accessorio originario del periodo Heian (794-1185), quando la produzione della seta e della carta in Giappone era al massimo splendore: una sorta di "fazzoletto" di carta artigianale pregiata che veniva piegato e infilato nella parte anteriore del proprio kimono e utilizzato per vari usi e in diverse circostanze, anche durante la cerimonia del tè.

FASI DELLA PREPARAZIONE DELLA TEMPURA

1. Creare la pastella.

2. Intingere l'alimento, precedentemente infarinato, nella pastella.

3. Inserire nell'olio e friggere.

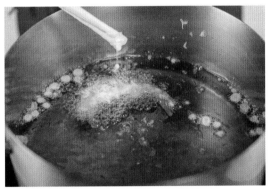

4. Colare gocce di pastella intorno all'alimento (fioritura).

5. Scolare e asciugare su carta da cucina.

6. Servire la tempura.

天ぷら TEMPURA

Metodo tradizionale di frittura, che insieme a soba e sushi costituisce l'*Edo no Zanmai*, i tre sapori di Edo, ovvero i tre piatti rappresentativi che hanno avuto origine nel periodo Edo (1603-1868), quando Tokyo divenne la capitale del Giappone. La tempura era un tipico street food dell'epoca, i singoli ingredienti venivano fritti e infilzati in uno stecco che ciascuno poteva acquistare e gustare attingendo la salsa da un unico grande contenitore comune.

per la pastella di tempura
100 g di farina
di grano tenero
1 cucchiaio di uovo intero
sbattuto
200 g di acqua naturale
1 cubetto di ghiaccio

per la tempura
2 gamberoni grandi
2 foglie di shiso
2 funghi shiitake freschi
½ melanzana lunga
2 fette di renkon
qb aceto di riso
2 asparagi verdi
qb farina di grano tenero
qb sale
qb olio di semi

per il tentsuyu
100 g di dashi
25 g di salsa di soia
25 g di mirin

per la finitura
qb daikon grattugiato
2 fette di limone

PER LA PASTELLA DI TEMPURA
In una bacinella, versare l'acqua naturale
e 1 cubetto di ghiaccio.
Aggiungere un cucchiaio di uovo intero sbattuto.
Versare la farina poco alla volta e amalgamare
delicatamente con un paio di bacchette.

PER LA TEMPURA
Togliere la testa e il carapace dei gamberoni,
eliminare l'intestino, incidere il ventre.
Pulire i funghi shiitake, eliminare il gambo.
Con il coltello, incidere a croce il centro del cappello
dei funghi.
Tagliare una melanzana a metà nel senso
della lunghezza.
Tagliare ciascuna metà in senso orizzontale, ottenendo
sezioni di circa 5 cm.
Sulla base di ciascuna sezione, dal lato della buccia,
effettuare con il coltello incisioni profonde circa 3 mm,
allargarle leggermente creando una forma a ventaglio.
Sbucciare il renkon e tagliare a fette di 3 mm.
In una bacinella con dell'acqua naturale leggermente
acidulata con aceto di riso, aggiungere le fette
di renkon e lasciar riposare per 10 minuti.
Scolare e asciugare con della carta da cucina.
Pelare gli asparagi verdi, tagliare a 7 cm di lunghezza.
Infarinare leggermente tutti i singoli elementi,
intingere nella pastella e friggere a 180 °C per 5 minuti.
Scolare la tempura su carta da cucina e salare.

PER IL TENTSUYU
(SALSA DI ACCOMPAGNAMENTO DELLA TEMPURA)
In una pentola, portare a bollore il dashi e aggiungere
tutti i condimenti.
Lasciar evaporare l'alcool per qualche minuto.
Lasciar raffreddare a temperatura ambiente.

PER LA FINITURA
In un piatto da portata, disporre la tempura,
aggiungere il daikon grattugiato e una fetta di limone.
Accompagnare con il tentsuyu in una ciotola.

かき揚げ

KAKI AGE

Il termine *kaki* deriva dal verbo *kakimazeru* che significa "amalgamare". Il kaki age è l'unione di piccoli ingredienti amalgamati insieme in pastella di tempura e fritti. La ricetta originale nasce per friggere piccoli gamberetti o piccole conchiglie che venivano pescati in abbondanza nel golfo di Edo.

per la pastella di kaki age
50 g di farina di grano tenero
1 cucchiaio di uovo intero sbattuto
100 g di acqua naturale
1 cubetto di ghiaccio

per il kaki age
½ cipolla
½ carota
50 g di mais precotto
60 g di sakura ebi
1 rametto di mitsuba
qb farina di grano tenero
qb sale
qb olio di semi

per il tentsuyu
100 g di dashi
25 g di salsa di soia
25 g di mirin

per la finitura
qb daikon grattugiato
2 fette di limone

PER LA PASTELLA DI KAKI AGE

In una bacinella, versare l'acqua naturale
e 1 cubetto di ghiaccio.
Aggiungere un cucchiaio di uovo intero sbattuto.
Versare la farina poco alla volta e amalgamare
delicatamente con un paio di bacchette.

PER IL KAKI AGE

Sbucciare la cipolla e la carota, tagliare a julienne.
Sfogliare il mitsuba.
In una bacinella, amalgamare tutti gli ingredienti
e infarinare leggermente.
Versare la pastella di tempura e amalgamare
delicatamente.
Prelevare una dose di composto e friggere
a 180 °C per 5 minuti.
Scolare su carta da cucina e salare.

PER IL TENTSUYU

(SALSA DI ACCOMPAGNAMENTO DELLA TEMPURA)
In una pentola, portare a bollore il dashi
e aggiungere tutti i condimenti.
Lasciar evaporare l'alcool per qualche minuto.
Lasciar raffreddare a temperatura ambiente.

PER LA FINITURA

In un piatto da portata, adagiare il kaki age,
il daikon grattugiato e una fetta di limone.
Accompagnare con il tentsuyu in una ciotola.

磯辺揚げ ISOBE AGE

Isobe age si può letteralmente tradurre come "frittura allo scoglio", dal termine *isobe* che è lo scoglio di mare. Il riferimento è alla presenza, in questa preparazione, dell'alga nori, tritata nella pastella oppure usata per rivestire l'ingrediente prima di essere immerso in pastella e fritto.

per la pastella di isobe age
100 g di farina di grano tenero
1 cucchiaio di uovo intero sbattuto
200 g di acqua naturale
2 g di alga aonori in polvere
1 cubetto di ghiaccio

per l'isobe age
1 sgombro da 500 g
4 fiori di zucca
4 fette di bambù precotto
qb farina di grano tenero
qb sale
qb olio di semi

per il tentsuyu
100 g di dashi
25 g di salsa di soia
25 g di mirin

per la finitura
qb daikon grattugiato
2 fette di limone

PER LA PASTELLA DI ISOBE AGE
In una bacinella, versare l'acqua naturale
e 1 cubetto di ghiaccio.
Aggiungere un cucchiaio di uovo intero sbattuto.
Versare la farina poco alla volta e amalgamare
delicatamente con un paio di bacchette.
Incorporare al composto l'alga aonori in polvere.

PER L'ISOBE AGE
Pulire, sfilettare e spinare lo sgombro,
tagliare a fette diagonali di 7 cm.
Pulire ed eliminare il pistillo interno dei fiori di zucca.
Tagliare il bambù precotto a fette di 7 cm.
Infarinare leggermente tutti i singoli elementi,
intingere nella pastella e friggere a 180 °C per 5 minuti.
Scolare su carta da cucina e salare.

PER IL TENTSUYU
(SALSA DI ACCOMPAGNAMENTO DELLA TEMPURA)
In una pentola, portare a bollore il dashi
e aggiungere tutti i condimenti.
Lasciar evaporare l'alcool per qualche minuto.
Lasciar raffreddare a temperatura ambiente.

PER LA FINITURA
In un piatto da portata, adagiare l'isobe age,
il daikon grattugiato e una fetta di limone.
Accompagnare con il tentsuyu in una ciotola.

竜田揚げ TATSUTA AGE

Il termine *tatsuta* fa riferimento al fiume omonimo, nella prefettura di Nara. Questo tipo di frittura, caratterizzata da una marinatura ambrata e da un'infarinatura candida, ricorda i colori rossi delle foglie e il candore dei flutti che si infrangono sui ciottoli, come nel tipico paesaggio fluviale dello Tatsuta in autunno.

per la marinatura
30 g di salsa di soia
30 g di sake
2 g di zenzero grattugiato

per lo tatsuta age
150 g di filetto di salmone
4 friggitelli
4 fette di renkon
qb aceto di riso
qb fecola di patate
qb sale
qb olio di semi

per la finitura
qb daikon grattugiato
2 fette di sudachi

PER LA MARINATURA
In una bacinella, amalgamare tutti gli ingredienti.

PER LO TATSUTA AGE
Tagliare il filetto di salmone a fette di 1 cm.
Lasciar riposare le fette di salmone nella marinatura per 30 minuti in frigorifero. Scolare e asciugare con della carta da cucina.
Tagliare i friggitelli nel senso della lunghezza e poi a metà.
Sbucciare il renkon e tagliare a fette di 1 mm.
In una bacinella con dell'acqua naturale leggermente acidulata con aceto di riso, aggiungere le fette di renkon e lasciar riposare per 10 minuti.
Scolare e asciugare con della carta da cucina.
Infarinare leggermente con la fecola di patate tutti i singoli elementi e friggere a 180 °C per 5 minuti.
Scolare su carta da cucina e salare.

PER LA FINITURA
In un piatto da portata, adagiare il tatsuta age di salmone, di friggitelli e di renkon.
Completare con il daikon grattugiato e una fetta di sudachi.

KARA AGE

Il kara age nasce nella prefettura di Oita, nell'isola di Kyushu. In origine si trattava di singoli ingredienti semplicemente infarinati e fritti, oggi esistono anche varianti che prevedono l'utilizzo di marinature. Il più tipico kara age è quello di pollo. È un piatto cucinato spesso in casa e inserito nel bento da viaggio.

per il pollo marinato

300 g di coscia
di pollo disossata
15 g di salsa di soia
15 g di sake
2,5 g di zucchero semolato
1 uovo
5 g di olio di semi di sesamo
0,5 g di aglio grattugiato
1 g di zenzero grattugiato
qb sale
qb pepe nero

per il kara age

50 g di fecola di patate
qb olio di semi

per la finitura

3 foglie di bambù
2 fette di sudachi

PER IL POLLO MARINATO

Tagliare la coscia di pollo a tocchetti di 4 cm.
In una bacinella, versare tutti gli ingredienti,
unire il pollo e lasciar marinare per 1 ora in frigorifero.

PER IL KARA AGE

Aggiungere al pollo marinato la fecola di patate
e amalgamare.
In una pentola, friggere il pollo a 180 °C per 5 minuti.
Scolare su carta da cucina.

PER LA FINITURA

In un piatto da portata, stendere le foglie di bambù
e adagiare il kara age.
Completare con le fette di sudachi.

南蛮漬け NANBAN ZUKE

Il termine *nanban* significa "estero", *zuke* deriva dal verbo *zukeru*, che significa "marinare". È un metodo di frittura introdotto dall'Europa, in origine utilizzato soltanto per il pesce che veniva fritto e poi marinato con aceto, ma che oggi si utilizza anche per la carne.

per la marinatura
50 g di succo di limone
50 g di salsa di soia
20 g di zucchero semolato
2 g di alga kombu
5 g di katsuobushi

per il nanban zuke
4 ali di pollo
qb farina di grano tenero
qb olio di semi

per la finitura
qb shichimi togarashi

PER LA MARINATURA
In una bacinella, amalgamare tutti gli ingredienti
e lasciar riposare per 1 giorno in frigorifero.
Filtrare il composto marinato con un passino.

PER IL NANBAN ZUKE
Pulire le ali di pollo, tagliare nei 3 punti di giuntura
e infarinare. Friggere a 180 °C per 7 minuti.
Scolare su carta da cucina.
Unire il pollo alla marinatura e lasciar riposare
per 10 minuti.

PER LA FINITURA
In un piatto da portata, adagiare il nanban zuke.
Spolverare il shichimi togarashi.

WASHOKU, L'ARTE DELLA CUCINA GIAPPONESE | **237**

串カツ KUSHI KATSU

Il termine *kushi* significa "spiedini" e *katsu* "impanato fritto". È la frittura più tipica di Osaka. Il ristorante più antico della città vanta oltre cento anni di attività: si trova nello storico quartiere di Shinsekai (letteralmente "nuovo mondo") ed è stato costruito agli inizi del Novecento sulla base di progetti molto all'avanguardia, come la torre Tsutenkaku, di ispirazione occidentale.

per la pastella croccante
150 g di farina di grano tenero
15 g di fecola di patate
5 g di baking powder
200g di acqua naturale

per il kushi katsu
200 g di braciola di coppa
di maiale tagliata a fette
di 7 mm di spessore
2 gamberi rossi
6 uova sode di quaglia
2 asparagi verdi
2 okura
2 fette di renkon
qb aceto di riso
qb farina di grano tenero
100g di panko
qb sale
qb olio di semi

per la finitura
qb tonkatsu sauce
20 g di senape

PER LA PASTELLA CROCCANTE
In una bacinella, amalgamare tutti gli ingredienti.

PER IL KUSHI KATSU
Tagliare le fette di maiale a strisce di 3 cm di lunghezza.
Togliere la testa e il carapace dei gamberi rossi,
eliminare l'intestino.
Inserire uno stecco nelle fette di maiale,
nei gamberi rossi e nelle uova sode di quaglia.
Pelare gli asparagi verdi, tagliare a 15 cm di lunghezza.
Sbucciare il renkon e tagliare a fette di 7 mm
di spessore.
In una bacinella con dell'acqua naturale leggermente
acidulata con aceto di riso, aggiungere le fette di renkon
e lasciar riposare per 10 minuti e scolare.
In una pentola, lessare per 5 minuti in acqua salata
bollente acidulata con aceto di riso e scolare.
Tagliare le fette di renkon a metà, disporre le due metà
sul tagliere l'una vicino all'altra e inserire lo stecco.
Infarinare tutti i singoli elementi, intingere nella pastella
e impanare con il panko.
Friggere a 180 °C per 5 minuti.
Scolare su carta da cucina e salare.

PER LA FINITURA
In un piatto da portata, adagiare il kushi katsu.
Accompagnare con la tonkatsu sauce e la senape.

YAKIMONO (GRIGLIATO)

焼物

"Yakimono" si riferisce alla categoria del cibo cotto alla griglia, sul carbone vegetale. I vari ingredienti, come pesce, crostacei, carne e verdure vengono cotti sulla brace come spiedini o posti su una grata metallica, oppure su una padella di ferro.

Per gustare al meglio il cibo grigliato si utilizzano principalmente i seguenti metodi:

shioyaki, processo di salatura: è il metodo più adatto per il pesce, in cui il cibo viene cosparso di sale prima di essere grigliato;

tsukeyaki, processo di marinatura: prima di essere grigliato, il cibo viene lasciato marinare per circa un'ora in una miscela a base di salsa di soia, sake e mirin chiamata *awase joyu*;

misozukeyaki, processo di marinatura: prima di essere grigliato, il cibo viene fatto marinare nel miso e aromatizzato con sake o mirin;

teriyaki, processo di laccatura: l'alimento viene pennellato con la *awase joyu* e grigliato. La salsa serve per ottenere una perfetta caramellizzazione (il termine *teri* significa appunto "lucidare, caramellare").

Quando si serve un pesce grigliato intero su un piatto da portata, il piatto viene posto sul tavolo con la testa del pesce rivolta a sinistra.

Utilizzato presumibilmente fin dall'era Neolitica (circa 14.000 a.C.), in Giappone il carbone vegetale si ottiene dal legno di quercia ed è di due tipi: *binchotan* o *hakutan* (carbone derivato da legno cotto ad altissima temperatura in forno a 1000 °C, dove assume un colore bianco; difficile da accendere, ma di lunga durata) e *kokutan* (carbone derivato dal legno cotto a bassa temperatura in forno a 400 °C, dove assume un colore nero; facile da accendere, ma di breve durata).

Esiste anche un altro tipo di carbone derivato da legno di bambù, chiamato *chikutan* (carbone ricavato da un tradizionale processo di torrefazione del bambù in un forno da 1000 °C), che non si utilizza come brace da ardere per cucinare, ma come ottimo elemento deumidificatore, antiodore, per la purificazione dell'aria e il filtraggio dell'acqua.

Per l'uso in cucina, il più utilizzato è il carbone *binchotan*, tipico carbone vegetale tradizionale a lenta combustione con facoltà di assorbimento e di purificazione senza rilascio di odori sgradevoli.

La cottura alla griglia può avvenire in due modi, per irraggiamento o per contatto. Nel primo caso la trasmissione del calore avviene tramite radiazioni termiche, senza contatto diretto tra alimento e fonte

Spiedini disposti sul *shichirin*, tipico fornello o braciere a carbone vegetale. A cottura ultimata, sfilare gli spiedini e servire il pesce.

di calore. Nel caso di grigliatura a contatto, il cibo viene poggiato su una padella di ferro o su una griglia. Per la cottura giapponese sulla brace si utilizza il *shichirin*, tipico fornello o braciere, composto da farina fossile a effetto termico molto elevato, in cui si inserisce il carbone vegetale. Il *shichirin* può essere prodotto in varie dimensioni a seconda dell'uso, mentre la struttura attuale è quasi la medesima utilizzata già nel periodo Edo (1603-1868): di forma principalmente tonda o rettangolare, è agevole da trasportare perché mantiene alte temperature all'interno senza diventare rovente all'esterno.

La cottura sul *shichirin* permette che la temperatura sia costante, aspetto importante per una perfetta grigliatura.

La forma tonda del *shichirin* si usa per la cottura del riso, che avviene in una pentola, spesso di ceramica; la forma rettangolare si predilige per la cottura di carne e pesce.

Soprattutto per grigliare il pesce, si utilizzano degli appositi spiedini in acciaio chiamati *kanegushi*.

TECNICHE DI INSERIMENTO DEGLI SPIEDINI D'ACCIAIO (KANEGUSHI)

1. *Hiragushi*: inserire gli spiedini nel trancio disteso di pesce.

2. *Hiragushi* (dettaglio).

3. *Ryozuma gushi*: inserire gli spiedini nel filetto di pesce ripiegato da entrambi i lati verso l'interno.

4. *Ryozuma gushi* (dettaglio).

5. *Katazuma gushi*: inserire gli spiedini nel filetto di pesce ripiegato da un solo lato verso l'interno.

6. *Katazuma gushi* (dettaglio).

Agrumi giapponesi

Si utilizzano invece gli spiedini in bambù *takegushi* quando devono essere serviti direttamente, pronti all'assaggio.

I principali piatti grigliati in Giappone sono:
- *kushiyaki*: spiedini di carne, pesce o verdure;
- *teriyaki*: carne, pesce o verdure grigliati, glassati con salsa di soia, sake, mirin;
- *kabayaki*: anguilla alla griglia e glassata con salsa di soia, sake, mirin;
- *yakiniku*: carne di manzo grigliata accompagnata da verdure. Il manzo può essere semplicemente condito solo con il sale, oppure marinato; gli ingredienti grigliati sono accompagnati da una salsa chiamata tare;
- *yakitori*: spiedini di pollo alla brace.

Da ricordare, il maestro della cerimonia del tè Yuan Kitamura (1648-1719). Fu il primo a inserire il mirin nella miscela di shoyu e sake utilizzata per la marinatura prima di grigliare il pesce. La salsa, che porta tuttora il suo nome, è spesso arricchita con fette di agrumi giapponesi di stagione, come yuzu, sudachi o kabosu.

Lo **yuzu** (*Citrus junos*), appartenente alla famiglia delle Rutaceae, è un agrume molto aromatico, simile al limone, ma più piccolo e ricco di semi, dalla forma ovale e con la buccia irregolare e ruvida. Il colore è giallo-verdastro, brillante. All'interno presenta dieci cavità, pochissima polpa e grandi e numerosi semi. La buccia possiede caratteristiche aromatiche eccellenti. Il succo ricorda il sapore del limone e del pompelmo, ma con note simili al gusto del mandarino. Il profumo è la caratteristica che rende irresistibile questo agrume, citato anche come superfood per le numerose proprietà benefiche e la grande quantità di vitamina C. Lo yuzu non viene consumato come frutto, ma succo e buccia vengono impiegati in numerose ricette e preparazioni. Lo *yuzukosho*, letteralmente "pepe di yuzu", è una pasta a base di peperoncino *togarashi* verde, buccia di yuzu e sale, lasciata fermentare, solitamente usata come condimento per il nabemono, la zuppa di miso e il sashimi. Lo yuzukosho più rinomato è quello del Kyushu, dove è una specialità locale.

Il *sudachi* (*Citrus sudachi*), frutto nativo del Giappone, prodotto quasi totalmente nella prefettura di Tokushima, sull'isola di Shikoku, è piccolo, dalla forma tonda e contiene semi grandi e lisci. I frutti si formano in grappoli, sono raccolti in autunno quando hanno un colore verde intenso, che si trasformerà in giallo brillante a maturazione. Il frutto non viene consumato a causa del sapore molto aspro, ma l'abbondante succo viene utilizzato come condimento in molteplici preparazioni e impiegato per aromatizzare bevande o dessert.

Il *kabosu* (*Citrus x sphaerocarpa*), agrume anticamente introdotto dalla Cina nel periodo Edo (1603-1868), ha larga diffusione in Giappone ed è coltivato soprattutto nelle prefetture di Oita e di Tokushima.
Appartenente alla famiglia delle Rutaceae, il frutto cresce su una pianta dalle foglie spinose e aguzze, ha forma rotondeggiante e buccia liscia e sottile. Viene raccolto quando il colore è ancora verde, mentre a maturazione diventa giallo. Il succo è ricco di acidità, ha un sapore aspro e un aroma caratteristico, utilizzato largamente in cucina e in diverse preparazioni, come condimenti, bevande e alcolici.

Yuzu.

幽庵焼き YUAN YAKI

Questo piatto ha avuto origine nel periodo Edo (1603-1868) e prende il nome dal maestro Yuan Kitamura che ha perfezionato la salsa in cui il pesce è marinato prima di essere grigliato. All'epoca era un piatto riservato ai ceti più nobili; oggi è divenuto molto popolare, viene servito in ristoranti di alto livello, ma si prepara anche a casa.

per la yuanji
20 g di salsa di soia
20 g di sake
20 g di mirin
2 fete di sudachi

per il salmone
300 g di filetto di salmone

per la finitura
10 g di ikura
2 hajikami shoga
2 fette di sudachi

PER LA YUANJI (MARINATURA DEL MAESTRO YUAN)
In una bacinella, unire il succo e le fette di sudachi, aggiungere tutti gli ingredienti e miscelare.

PER IL SALMONE
Tagliare il filetto di salmone a fette di 2 cm.
Versare la yuanji sul pesce e lasciar marinare per 1 ora.
Scolare ed eliminare la marinatura in eccesso con della carta da cucina.
Inserire gli spiedi nelle fette di salmone marinato.
Grigliare da entrambi i lati per 10 minuti.
Togliere il pesce dalla griglia e sfilare gli spiedi.

PER LA FINITURA
In un piatto da portata, adagiare lo yuan yaki.
Aggiungere l'ikura sulla superficie, completare con lo hajikami shoga e una fetta di sudachi.

西
京
焼
き

SAIKYO YAKI

Saikyo è l'antico nome della storica capitale Kyoto. Il piatto nasce nel periodo Heian (794-1185) quando, per permettere la conservazione del pesce, si utilizzava un composto a base di miso bianco dolce, tuttora uno dei prodotti tradizionali tipici della città di Kyoto.

per il saikyoji
125 g di saikyo miso
5 g di salsa di soia
12,5 g di sake
35 g di mirin

per la ricciola
300 g di filetto di ricciola
qb mirin

per il kikka daikon
200 g di daikon
45 g di aceto di riso
22,5 g di zucchero semolato
qb sale

per la finitura
2 foglie di bambù
2 hajikami shoga

PER IL SAIKYOJI (MARINATURA DI SAIKYO)
In una bacinella, amalgamare tutti gli ingredienti.

PER LA RICCIOLA
Tagliare il filetto di ricciola a fette di 2 cm.
Versare il saikyoji sul pesce e lasciar marinare per 1 ora.
Eliminare la marinatura in eccesso con della carta da cucina. Inserire gli spiedi nelle fette di ricciola marinata.
Grigliare da entrambi i lati per 10 minuti.
A fine cottura spennellare il mirin.
Togliere il pesce dalla griglia e sfilare gli spiedi.

PER IL KIKKA DAIKON (DAIKON A FORMA DI CRISANTEMO)
Tagliare il daikon a tranci di 2,5 cm di spessore, pelare.
Intagliare con un coppapasta di 5 cm di diametro.
Praticare incisioni verticali, distanziate di circa 1 mm l'una dall'altra, lasciando una base intatta spessa circa 5 mm. Ruotare il daikon di 90 gradi e realizzare un'altra serie di incisioni ad angolo retto rispetto alle precedenti, formando un motivo incrociato.
Ammorbidire il daikon intagliato in acqua salata per 1 ora. Scolare.
In una bacinella, versare tutti i condimenti e amalgamare.
Lasciar riposare il daikon nella marinatura per 1 ora.

PER LA FINITURA
In un piatto da portata, stendere una foglia di bambù, adagiare il saikyo yaki e completare con il kikka daikon e il hajikami shoga.

八幡巻

YAWATA MAKI

Tipico piatto tradizionale della città di Yawata, nella prefettura di Kyoto. È caratterizzato dall'utilizzo della radice del gobo, una pianta coltivata in queste zone molto usata come verdura e in passato anche come pianta medicinale. Il piatto originario era a base di gobo su cui veniva arrotolata solitamente l'anguilla (o il grongo), oggi si utilizzano carne e pesce da arrotolare su una varietà di verdure di stagione.

per la radice di gobo

½ radice di gobo
qb sale
qb aceto di riso
qb acqua naturale

per il tataki gobo

50 g di dashi
30 g di mirin
50 g di aceto di riso
qb sale

per la salsa

50 g di salsa di soia
50 g di mirin
25 g di zucchero di canna

per lo yawata maki

300 g di filetto di dentice
qb sale

per la finitura

2 foglie di bambù
qb gari

PER LA RADICE DI GOBO

Pulire il gobo, battere con un mattarello per allentare le fibre, tagliare un trancio di 15 cm di lunghezza.
In una pentola, lessare per 10 minuti in acqua bollente salata acidulata. Scolare.

PER IL TATAKI GOBO

In una pentola, versare tutti i condimenti e aggiungere il gobo lessato. Cuocere per 10 minuti e lasciar raffreddare a temperatura ambiente.

PER LA SALSA

In una pentola, portare a bollore tutti gli ingredienti. Lasciar raffreddare a temperatura ambiente.

PER LO YAWATA MAKI

Affettare il filetto del dentice nel senso della lunghezza, ottenendo una fetta di 5 mm di spessore.
Tagliare la fetta a strisce di 2 cm.
Distendere le strisce ottenute e condire con il sale.
Avvolgere il gobo con le strisce di dentice.
Inserire gli spiedi e grigliare da entrambi i lati per 10 minuti. A fine cottura, spennellare con la salsa e lasciar caramellare. Togliere dalla griglia e sfilare gli spiedi.
Tagliare a tranci di 5 cm.

PER LA FINITURA

In un piatto da portata, adagiare lo yawata maki su una foglia di bambù. Versare la salsa e completare con il gari.

照り焼き

TERIYAKI

Il nome del piatto deriva dal termine *teri* che significa "lucido", in riferimento al colore brillante e caramellizzato conferito dalla miscela a base di salsa di soia versata sugli ingredienti durante la cottura. Tradizionalmente si procede alla cottura tramite spiedi grigliati su brace di carbone vegetale.

per il condimento

30 g di salsa di soia

30 g di sake

30 g di mirin

15 g di zucchero semolato

per il teriyaki

300 g di filetto di ricciola

qb sale

2 friggitelli

qb farina di grano tenero

qb olio di semi

PER IL CONDIMENTO

In una bacinella, amalgamare tutti gli ingredienti.

PER IL TERIYAKI

Tagliare il filetto di ricciola a fette di 2 cm
e condire con il sale.

Infarinare leggermente con la farina di grano tenero.

In una padella, rosolare i friggitelli con un filo di olio
di semi, mettere da parte.

Nella stessa padella, rosolare le fette di ricciola
da entrambi i lati. Eliminare l'olio di cottura in eccesso.

Versare il condimento preparato.

Aggiungere i friggitelli rosolati e lasciar ridurre la salsa.

PER LA FINITURA

In un piatto da portata, adagiare il teriyaki di ricciola
e i friggitelli.

松笠焼 MATSUKASA YAKI

Matsukasa è la pigna giapponese, frutto legnoso di alcune conifere. La struttura esterna richiama le sezioni geometriche molto regolari con cui viene inciso il pesce prima di essere cotto, utili anche a facilitare la masticazione del cibo. Le pigne sono inoltre un simbolo beneaugurale ed è per questo motivo che il matsukasa yaki è un piatto consumato spesso durante le festività di Capodanno.

per il condimento
25 g di salsa di soia
40 g di sake
25 g di mirin
10 g di zucchero semolato
3 g di succo di sudachi

per il matsukasa yaki
1 calamaro
1 spicchio di aglio
qb olio di semi di sesamo

per la finitura
2 foglie di bambù
2 fette di sudachi

PER IL CONDIMENTO
In una bacinella, amalgamare tutti gli ingredienti.

PER IL MATSUKASA YAKI
Pulire ed eliminare l'intestino del calamaro.
Incidere diagonalmente la superficie del calamaro creando un motivo a rombi.
Tagliare il calamaro a fette di 6 cm e sbollentare in acqua bollente salata.
Scolare e asciugare con della carta da cucina.
In una padella, soffriggere l'aglio con un filo di olio di semi di sesamo.
Aggiungere il calamaro sbollentato e versare il condimento preparato.
Cuocere per qualche minuto fino a cottura ultimata.

PER LA FINITURA
In un piatto da portata, stendere una foglia di bambù e adagiare il matsukasa yaki.
Completare con una fetta di sudachi.

伊勢海老雲丹焼き

ISE EBI UNI YAKI

Ise ebi è l'aragosta. Il piatto originario di questa ricetta si chiama *onigara yaki*, il cui nome deriva da *onigara* che è il carapace del crostaceo: si taglia a metà il crostaceo, si inserisce in uno spiedo e si griglia da entrambi i lati, spennellato con una miscela di uovo e mirin. La ricetta presente in questo libro è stata arricchita con l'aggiunta dell'*uni*, il riccio di mare giapponese, e del miso bianco.

per l'uni miso

200 g di miso bianco
10 g di salsa di soia
15 g di sake
15 g di mirin
10 g di zucchero semolato
1 tuorlo
30 g di polpa di ricci di mare

per l'ise ebi uni yaki

1 ise ebi

PER L'UNI MISO (CREMA DI MISO E UOVO AI RICCI DI MARE)
In una pentola, unire tutti gli ingredienti
e scaldare a fuoco basso.
Continuare a cuocere fino a ottenere una consistenza
liscia e omogenea.
Lasciar raffreddare a temperatura ambiente.

PER L'ISE EBI UNI YAKI (ARAGOSTA GIAPPONESE GRATINATA)
Tagliare l'ise ebi a metà ed eliminare l'intestino.
Inserire uno stecco in ciascuna metà dalla testa alla coda.
Cuocere a vapore per 5 minuti, togliere lo stecco
e ricavare la polpa da ciascuna metà
tenendo da parte il guscio.
Tagliare la polpa a cubi di 2,5 cm. Inserire nuovamente
i cubi di ise ebi nel guscio e cospargere di uni miso.
Cuocere in forno a 200 °C per 10 minuti fino a ottenere
una gratinatura dorata.

PER LA FINITURA
In un piatto da portata, servire l'ise ebi uni yaki.

YAKITORI

Dal termine *tori* che significa "pollo", gli yakitori sono tra gli spiedini più popolari in Giappone. Vengono utilizzate le parti nobili del pollo, ma anche un'ampia varietà di parti minori, come le interiora, la pelle, il collo, le cartilagini e il cosiddetto boccone del prete. Esistono ristoranti specializzati in yakitori, chiamati *yakitori ya*, ma questi spiedini sono soprattutto serviti presso gli *izakaya*, locali informali e popolari dove si servono piatti semplici e gustosi da accompagnare a bevande alcoliche.

per lo yakitori no tare

135 g di salsa di soia
15 g di sake
10 g di mirin
55 g di miele
1 spicchio di aglio
½ peperoncino fresco
¼ di cipollotto

per gli spiedini di tsukune

200 g di pollo macinato
20 g di cipollotto
0,5 g di aglio grattugiato
1 g di zenzero grattugiato
2,5 g di fecola di patate
15 g di salsa di soia
qb sale
qb pepe nero

per gli spiedini di negima

200 g di coscia di pollo
disossato
1 cipollotto

per gli spiedini di mune

200 g di petto di pollo
3 umeboshi
3 foglie di shiso

PER LO YAKITORI NO TARE (SALSA PER YAKITORI)
Grigliare il cipollotto.
In una pentola, unire il cipollotto grigliato
a tutti gli altri ingredienti e portare a bollore.
Lasciar ridurre il composto per 30 minuti.
Filtrare con un passino.

PER GLI SPIEDINI DI TSUKUNE (POLPETTE DI POLLO)
Amalgamare tutti gli ingredienti e formare
delle polpette allungate.
Inserire uno stecco di bambù in ciascuna polpetta.
Grigliare da entrambi i lati fino a doratura.
Spennellare con lo yakitori no tare
e lasciar caramellare fino a cottura ultimata.

PER GLI SPIEDINI DI NEGIMA (COSCIA DI POLLO E CIPOLLOTTO)
Tagliare la coscia di pollo a pezzetti di 3 cm.
Tagliare i cipollotti a tocchetti di 3 cm.
Creare degli spiedini alternando
sullo stecco di bambù un pezzetto di coscia di pollo
e un tocchetto di cipollotto.
Grigliare da entrambi i lati fino a doratura.
Spennellare con lo yakitori no tare
e lasciar caramellare fino a cottura ultimata.

PER GLI SPIEDINI DI MUNE (PETTO DI POLLO)
Tagliare il petto di pollo a fette di 3 cm di larghezza
e 6 cm di lunghezza.

Snocciolare e tritare l'umeboshi.
Spezzettare con le mani le foglie di shiso.
Aggiungere l'umeboshi tritato e le foglie di shiso
sulle fette di petto di pollo e arrotolare.
Creare degli spiedini, inserendo 3 rotolini di petto
di pollo per ciascuno stecco di bambù.
Grigliare da entrambi i lati fino a doratura.
Spennellare con lo yakitori no tare
e lasciar caramellare fino a cottura ultimata.

PER LA FINITURA
In un piatto da portata, servire gli yakitori misti.

WAGYU

(MANZO GIAPPONESE)

和牛

"Wagyu" è la carne di manzo giapponese. Il termine *wagyu* è composto da due caratteri linguistici o *kanji*: *wa* che significa "Giappone" e *gyu* che significa "manzo".

I bovini furono introdotti in Giappone fin dall'antichità, impiegati quasi esclusivamente per l'agricoltura e il trasporto, pochissimo per il consumo del latte, che non era molto diffuso. Inoltre, per motivi religiosi legati al buddhismo, era severamente vietato uccidere gli animali, pertanto il consumo di carne fu considerato per lungo tempo un sacrilegio. Solo in epoca più recente, durante la Restaurazione del periodo Meji (1868-1912), i bovini cominciarono a essere importati dall'estero.

Dal 1912 fino al 1944, la produzione si concentrò sul perfezionamento della genetica della razza wagyu e il risultato dei vari incroci tra bovini autoctoni e bovini internazionali produsse tre razze principali, la kurogewashu (Japanese Black), l'akagewashu (Japanese Brown) e la mukakuwashu (Japanese Pol-led, razza dalle corna corte). Dal 1957 si aggiunse una quarta razza, la nihontankakushu (Japanese Shorthorn), incrociata con razze bovine scozzesi.

Attualmente la produzione di manzo da carne in Giappone è esclusivamente 100% razza wagyu giapponese, per la maggior parte kurogewashu, animale dal manto nero e lucido, il più soddisfacente per la quantità di marezzatura (o marmorizzazione).

Esistono vari ceppi genetici della razza wagyu, il più diffuso è quello della regione di Tajima, allevato in numerose prefetture e aree geografiche specifiche che ne certificano l'autenticità e la tracciabilità. Eccellente il wagyu di Matsusaka (prefettura di Mie), di Hida (prefettura di Gifu), di Kobe (prefettura di Hyogo), il Miyabi di Kyoto (prefettura di Kyoto), di Oumi (prefettura di Shiga), di Yonezawa (prefettura di Yamagata), di Mishima (prefettura di Shizuoka), di Sanda (prefettura di Hyogo), di Saga (prefettura di Saga), di Sendai (prefettura di Miyagi), di Maezawa (prefettura di Iwate).

Le carni vengono valutate e classificate sulla base di un disciplinare molto rigido impostato secondo una precisa scala di valori e garantito dalla Japanese Wagyu Beef Association (J.W.B.A.).

■ **Scala di rendimento**: A – B – C (dove A è la valutazione migliore), misura la percentuale di parte utile per ogni capo.

A: grado di resa superiore al 72% (categoria alta), massima qualità e minimo scarto;

B: grado di resa tra 69% e 72% (categoria media), qualità media;

C: grado di resa inferiore al 69% (categoria bassa), minima qualità e massimo scarto.

■ **Scala di qualità**: da 1 a 5 (dove 5 è la valutazione migliore), misura il grado di marmorizzazione (BMS Beef Marble Score), ossia il livello di grasso intramuscolare presente.

Le carni A5 sono in assoluto le più pregiate. Questo punteggio prende in considerazione tutte le caratteristiche della carne: la marmorizzazione, il colore, la lucentezza, la consistenza della carne e del grasso.

Allevamento di wagyu (bovini giapponesi).

■ **Scala di marmorizzazzione BMS** (Beef Marble Score): da 1 a 12 (dove 12 è la valutazione migliore).

BMS da 8 a 12	eccellente
BMS da 5 a 7	buona
BMS 3 e 4	nella media
BMS 2	sotto la media
BMS 1	scarsa

La bontà del wagyu, patrimonio nazionale giapponese, è riconosciuta in tutto il mondo ed è il risultato di selezioni accurate e di incroci avvenuti nei secoli. È una carne caratterizzata da un sapore ricco, da un grasso particolarmente aromatico e dolce e da una tenerezza tale da poter essere tagliata con le semplici bacchette. La consistenza è dovuta al perfetto equilibrio tra gli strati di grasso intramuscolare (*sashi*) e il muscolo.

Alla base di questo livello estremo di qualità ci sono tecniche e cure particolari dell'animale, il lungo allevamento, i metodi di nutrizione e la qualità dei mangimi e dell'acqua, e, non ultimo, le perfette tecniche di taglio e di impiego in cucina.

鉄板焼き TEPPAN YAKI

Teppan è la piastra su cui si grigliano gli ingredienti, principalmente carne, ma anche pesce e verdura. Il teppan yaki nasce nel 1945 nella città di Kobe, nella prefettura di Hyogo, una delle prime località in cui cominciarono a svilupparsi la produzione e il consumo di carne bovina, il cosiddetto manzo wagyu.

per il teppan yaki
300 g di lombata
di manzo wagyu
½ spicchio d'aglio
qb olio di semi
qb sale
qb pepe nero

per lo yuzu ponzu
20 g di salsa di soia
20 g di succo di yuzu
1,5 g di alga kombu
3 g di katsuobushi

per il momiji oroshi
100 g di daikon
3 peperoncini rossi

per la finitura
1 foglia di bambù
qb yuzushio

PER IL TEPPAN YAKI
Tagliare il manzo wagyu a fette di 2 cm
e condire con il sale e il pepe nero.
Sbucciare l'aglio, tagliare a lamelle, privarle dell'anima
e soffriggerle su una piastra con un filo di olio di semi.
Mettere da parte.
Grigliare le fette di manzo wagyu da entrambi i lati
fino a ottenere una cottura media.
Lasciar riposare per 5 minuti.
Tagliare a fette di circa 1 cm.

PER LO YUZU PONZU (SALSA DI SOIA AROMATIZZATO ALLO YUZU)
In una bacinella, unire e lasciar marinare tutti
gli ingredienti per 3 giorni in frigorifero.
Filtrare il composto marinato con un passino.

PER IL MOMIJI OROSHI (DAIKON GRATTUGIATO PICCANTE)
Tagliare un trancio di daikon, sbucciare.
Effettuare tre fori sul trancio di daikon con l'aiuto
di una bacchetta.
Inserire i peperoncini rossi nei fori ottenuti e grattugiare.
Strizzare ed eliminare l'acqua in eccesso.

PER LA FINITURA
In un piatto da portata, stendere la foglia di bambù,
adagiare il teppan yaki di wagyu
e aggiungere le lamelle di aglio.
Accompagnare con lo yuzushio, il momiji oroshi
e lo yuzu ponzu in una ciotola.

焼肉 YAKINIKU

Il termine deriva da *yaki*, che significa "grigliare", e *niku*, "carne", principalmente manzo. In base al pregio della carne, si può scegliere se marinarla in una salsa chiamata *tare* prima della cottura sui tipici bracieri chiamati *shichirin*, spesso portatili, da posizionare direttamente sul tavolo. Ciascun commensale può cuocere da sé la carne e le verdure in accompagnamento al piatto.

per lo yakiniku no tare

1 spicchio d'aglio
1 fetta di zenzero
¼ di mela
¼ di cipolla bianca
250 g di salsa di soia
50 g di mirin
15 g di zucchero di canna
15 g di miele
10 g di semi di sesamo
bianco tostati
15 g di olio di semi di sesamo
qb peperoncino rosso

per il lemon no tare

30 g di cipollotti
50 g di succo di limone
qb sale
qb pepe nero
5 g di olio di semi di sesamo

per lo yakiniku

400 g di lombata
di manzo wagyu
1 eringi
½ cipolla bianca
4 friggitelli
¼ di mais intero
qb sale
qb pepe nero

PER LO YAKINIKU NO TARE (SALSA PER CARNE ALLA GRIGLIA)
In una pentola, unire le verdure e la mela grattugiate, la salsa di soia, il mirin, lo zucchero di canna e il miele. Portare a bollore, cuocere per 15 minuti e spegnere il fuoco.
Aggiungere i semi di sesamo bianco tostati, l'olio di semi di sesamo e il peperoncino rosso.
Lasciar raffreddare a temperatura ambiente.

PER IL LEMON NO TARE (SALSA AL LIMONE)
In una bacinella, miscelare tutti gli ingredienti.
Unire il cipollotto tagliato finemente a rondelle.

PER LO YAKINIKU
Tagliare la lombata di manzo wagyu a fette di 5 mm.
Condire con sale e pepe.
Tagliare il fungo eringi e la cipolla bianca a fette, i friggitelli a losanghe e il mais fresco a tranci.

PER LA FINITURA
Servire al tavolo direttamente il shichirin e grigliare le fette di carne e le verdure.
Accompagnare con lo yakiniku no tare e il lemon no tare nelle ciotole.

NIMONO (STUFATO)

"Nimono" si riferisce alla categoria del cibo stufato lentamente nel brodo dashi e condito con altri ingredienti che possono variare in base alla regione geografica, come salsa di soia, sake, mirin, zucchero, miso, sale, succo di zenzero, olio di semi vegetali.

L'origine del nimono è antichissima, risale probabilmente al periodo primitivo Jomon, oltre 10.000 anni fa. In quest'epoca vennero costruiti i primi utensili in argilla e terracotta per bollire i cibi.

Il nimono è un piatto gustato soprattutto nella stagione invernale. Gli ingredienti possono essere carne, come pollo o maiale, pesce, molte verdure e tuberi di stagione come la zucca *kabocha* e il *taro* (tubero giapponese simile alla patata), il *takenoko* (i germogli di bambù) e infine il tofu. In particolare il *takenoko* è presente in molte preparazioni tradizionali e la varietà più consumata in Giappone è il *mosochiku* (*Phyllostachys edulis*), raccolto tra marzo e aprile, dal sapore molto dolce e profumato e dalla consistenza particolarmente tenera. Una volta raccolto, è necessario lessarlo immediatamente prima di lavorarlo secondo vari metodi di cottura, principalmente stufato, ma anche fritto e grigliato, spesso accompagnato da una salsa verde aromatizzata alle foglie di *sansho*, chiamate *kinome*. La più grande produzione di germogli di bambù è a Kyoto.

Nel nimono gli alimenti possono essere aggiunti singolarmente o tutti insieme nella pentola e lasciati stufare lentamente. Il sapore finale dipende dalla durata di cottura più o meno lunga: per alcuni piatti viene conservato il brodo, in altri casi si attende che il liquido evapori, si riduca o venga completamente assorbito dagli ingredienti.

In base a tutte queste varianti, i nimono vengono definiti in modo specifico:
- *nikomi*, lo stufato viene cotto lentamente e per lungo tempo;
- *nitsuke*, lo stufato viene cotto lentamente e si lascia ridurre molto il brodo;

■ *fukumeni*, il brodo risulta chiaro e molto leggero, si aggiungono pochi condimenti al fine di valorizzare il sapore naturale degli ingredienti;

■ *nisome*, lo stufato viene cotto lentamente fino a completo assorbimento del brodo, il sapore degli ingredienti risulta molto intenso;

■ *nibitashi*, lo stufato viene cotto brevemente, gli ingredienti si lasciano nel brodo a insaporire fino a raggiungere la temperatura ambiente;

■ *takiawase*, gli ingredienti vengono cotti separatamente in varie pentole diverse e poi uniti alla fine in un unico brodo di cottura.

Per la cottura viene utilizzata una pentola pesante che possa rilasciare uniformemente il calore e un apposito coperchio di legno chiamato *otoshibuta*, leggermente più piccolo del diametro del recipiente di cottura, che viene posto nella pentola, poggiato direttamente sul cibo sia per mantenere il calore e il vapore sia per impedire agli ingredienti di muoversi nel liquido di cottura. Questo utensile è molto efficace perché trattiene e preserva la forma degli ingredienti, che potrebbero sfaldarsi durante la cottura, e soprattutto riduce e rallenta l'evaporazione.

Nell'ambito della ristorazione giapponese il responsabile del nimono, colui che si occupa delle preparazioni dei brodi e dei condimenti che sono alla base di quasi tutte le altre preparazioni, si chiama *nikata* e, in ordine di importanza, viene subito dopo l'*itamae*, il capo chef, responsabile della cucina e del taglio.

Takenoko (germogli di bambù). Nella pagina a fronte, *nimono* tradizionale.

煮魚 NIZAKANA

Ni significa "stufare", *zakana* è genericamente il pesce. È uno dei più antichi metodi per cuocere il pesce e risale al periodo primitivo Jomon. In passato era una cottura essenziale e molto semplice, oggi la ricetta viene arricchita da condimenti a base di salsa di soia e di miso.

per il nizakana

300 g di filetto di scorfano
50 g di salsa di soia
75 g di sake
50 g di zucchero di canna
125 g di dashi
5 g di zenzero fresco
1 umeboshi
1 cipollotto

per il nanohana

2 rametti di nanohana

PER IL NIZAKANA

Poggiare il filetto di scorfano su una placca e scottare la pelle versando sulla superficie dell'acqua bollente.
Tagliare lo zenzero a fette e i cipollotti a tocchetti.
In una pentola, versare tutti i condimenti, aggiungere lo zenzero, l'umeboshi e il cipollotto, portare a bollore.
Unire il filetto di scorfano precedentemente scottato e coprire con un coperchio.
Cuocere per 10 minuti.
Mettere da parte il pesce e l'umeboshi.
Lasciar ridurre il liquido di cottura per qualche minuto e filtrare con un passino.

PER IL NANOHANA

In una pentola, lessare il nanohana per qualche minuto in acqua bollente salata.
Scolare e lasciar raffreddare a temperatura ambiente.

PER LA FINITURA

In un piatto da portata, adagiare il nizakana, versare il liquido di cottura.
Accompagnare con il nanohana e l'umeboshi.

BURI DAIKON

ぶり大根

Buri è la seriola giapponese, *daikon* è la rapa bianca lunga. È un tipico piatto tradizionale invernale della prefettura di Toyama, nel cui golfo, in inverno, si pesca seriola in abbondanza. Questo pesce è anche un simbolo di augurio e di salute per le nuove spose, per questo motivo il buri daikon è un piatto consumato spesso in occasione di banchetti matrimoniali.

per il daikon

½ daikon
qb riso
20 g di alga kombu
10 g di salsa di soia

per lo yuzu shiromiso no tare

60 g di miso bianco
30 g di sake
30 g di mirin
60 g di zucchero semolato
5 g di semi di sesamo
bianco tostati
100 g di liquido di cottura
del daikon
10 g di succo di yuzu

per il teriyaki

100 g di filetto di buri
15 g di salsa di soia
15 g di sake
15 g di mirin
7,5 g di zucchero semolato
qb sale
qb farina di grano tenero
qb olio di semi

per la finitura

qb scorza di yuzu

PER IL DAIKON

Tagliare il daikon a tranci di 3 cm, sbucciare e praticare delle incisioni da entrambi i lati. In una pentola, versare l'acqua naturale, aggiungere i tranci di daikon e qualche chicco di riso. Portare a bollore e cuocere per 30 minuti. Togliere dal fuoco e lasciar raffreddare a temperatura ambiente e scolare. In una pentola, unire il daikon lessato, l'alga kombu e la salsa di soia, ricoprire con dell'acqua naturale e cuocere per 30 minuti.
Prelevare il daikon e tenere da parte il liquido di cottura.

PER LO YUZU SHIROMISO NO TARE (SALSA DI MISO BIANCO ALLO YUZU)

In una pentola, unire tutti gli ingredienti e portare a bollore. Cuocere a fuoco basso per qualche minuto fino a ottenere una salsa liscia e omogenea.

PER IL TERIYAKI

Tagliare il filetto di buri a fette di 2 cm e condire con il sale. Infarinare leggermente con farina di grano tenero. In una bacinella, amalgamare tutti i condimenti. In una padella, rosolare le fette di buri da entrambi i lati con un filo di olio di semi. Eliminare l'olio di cottura in eccesso. Versare il condimento preparato e lasciar ridurre.

PER LA FINITURA

In un piatto da portata, adagiare il daikon stufato e versare il suo liquido di cottura. Disporre sul daikon il teriyaki. Completare con lo yuzu shiromiso no tare e la scorza di yuzu tagliata finemente a julienne.

角煮 KAKUNI

Il termine deriva da *kaku* che significa "cubo", e *ni,* "stufare". Nato nel periodo Edo (1603-1868), è un piatto tradizionale tipico della prefettura di Nagasaki, dell'isola del Kyushu e dell'isola Okinawa, regioni in cui c'è grande produzione e consumo di carne di maiale.

per il kakuni
300 g di pancetta di maiale
¼ di cipollotto
1 fetta di zenzero
300 g di dashi
22,5 g di salsa di soia
40 g di sake
30 g di zucchero di canna
qb sale
qb fecola di patate
qb acqua naturale

per la finitura
qb cipollotto
qb karashi

PER IL KAKUNI (CUBI DI MAIALE STUFATI)
Incidere la parte del grasso della pancetta di maiale, tagliare a cubi di 5 cm e condire con il sale.
In una padella, rosolare tutti i lati dei cubi di maiale fino a doratura.
In una pentola, unire tutti gli ingredienti.
Coprire con un coperchio, portare a bollore e cuocere per 2 ore.
Mettere da parte i cubi di maiale stufati.
Addensare il liquido di cottura con una miscela di fecola di patate sciolta in acqua.
Filtrare con un passino.

PER LA FINITURA
Tagliare il cipollotto a rondelle, mettere in acqua naturale fredda per qualche minuto affinché diventi croccante, scolare.
In un piatto da portata, adagiare il kakuni e versare il liquido di cottura.
Aggiungere il cipollotto croccante e completare con il karashi.

手羽先煮 TEBASAKINI

Tebasaki sono le ali di pollo, *ni* significa "stufare". Questo piatto nasce a Nagoya, capitale della prefettura di Aichi, presso un ristorante, tuttora attivo, che vanta cento anni di attività. Nagoya è la città con la maggiore produzione di pollo ruspante, fra cui il Nagoya kochin, il più conosciuto, dal piumaggio bruno rossastro, simile al colore delle foglie della quercia kashiwa. La carne è di un rosa intenso, ricca di sapore e con un'ottima consistenza.

per il tebasakini

6 ali di pollo
1 spicchio di aglio
1 peperoncino fresco
100 g di dashi
45 g di salsa di soia
45 g di sake
45 g di mirin
15 g di miele
qb olio di semi di sesamo
qb farina di grano tenero

per gli asparagi verdi

6 asparagi verdi

per la finitura

qb shichimi togarashi

PER IL TEBASAKINI

Pulire le ali di pollo, tagliare nei 3 punti di giuntura e infarinare. In una padella, rosolare con un filo di olio di semi di sesamo.
In una pentola, unire tutti gli ingredienti.
Coprire con un coperchio, portare a bollore e cuocere per 30 minuti.

PER GLI ASPARAGI VERDI

Sbucciare gli asparagi verdi e lessare in acqua bollente salata per 3-5 minuti.
Scolare e lasciar raffreddare a temperatura ambiente.
Tagliare a pezzi di 7 cm di lunghezza.

PER LA FINITURA

In un piatto da portata, adagiare il tebasakini e versare il liquido di cottura.
Aggiungere gli asparagi verdi.
Spolverare il shichimi togarashi.

筑
前
煮

CHIKUZENNI

Chikuzen è l'antico nome della prefettura di Fukuoka, *ni* significa "stufare". È un tipico piatto tradizionale chiamato anche *gameni*, che letteralmente significa "miscuglio", a base di pollo e tanta varietà di ingredienti, soprattutto verdure. Si consuma durante le festività locali di Fukuoka e anche a Capodanno.

per il condimento
40 g di salsa di soia
30 g di sake
30 g di mirin
150 g di dashi

per il chikuzenni
150 g di coscia di pollo disossata
150 g di renkon
100 g di carota
100 g di konjac
2 funghi shiitake secchi
50 g di radice di gobo
200 g di satoimo
100 g di kinusaya
qb olio di semi di sesamo

PER IL CONDIMENTO
In una bacinella, amalgamare tutti gli ingredienti.

PER IL CHIKUZENNI
Sbucciare il renkon, tagliare a fette diagonali di 3 cm, lasciar riposare per 10 minuti in acqua naturale leggermente acidulata con aceto di riso e scolare.
Sbucciare e tagliare la carota a fette diagonali di 3 cm.
Tagliare il konjac a fette di 3 cm, salare leggermente e lasciar riposare per 5 minuti. Lessare in acqua bollente salata per 2-3 minuti e scolare.
Ammollare i funghi shiitake in acqua naturale per 1 giorno in frigorifero. Eliminare il gambo e tagliare in quarti.
Pulire il gobo e tagliare a pezzi di 3 cm.
Sbucciare e tagliare il satoimo a metà, lessare per 5 minuti in acqua salata bollente e scolare.
Tagliare la coscia di pollo a pezzi di 3 cm.
In una pentola, rosolare il pollo con un filo di olio di semi di sesamo, unire tutti gli ingredienti preparati e lasciar cuocere per qualche minuto.
Versare il condimento preparato, coprire con un coperchio e cuocere per 15 minuti.
Lessare i kinusaya in acqua bollente salata per 2 minuti e lasciar raffreddare in acqua con ghiaccio.
Scolare e tagliare a metà.
Unire agli altri ingredienti a fine cottura.

PER LA FINITURA
In un piatto da portata, servire il chikuzenni.

MIZORENI

みぞれ煮

Mizore è il nevischio, *ni* significa "stufare". Il nome nasce dall'abbondanza di daikon grattugiato presente nel piatto: il colore e la consistenza hanno una particolare somiglianza con il nevischio giapponese, traslucido e soffice.

per lo yuzu tsumire

250 g di pollo macinato
20 g di cipollotto
1 g di zenzero grattugiato
1 uovo
5 g di salsa di soia
15 g di sake
15 g di fecola di patate
qb sale
qb scorza di yuzu

*per il dashi di cottura
dello yuzu tsumire*

500 g di dashi

per il mizore an

200 g di dashi di cottura
dello yuzu tsumire
15 g di salsa di soia
10 g di sake
10 g di mirin
qb sale
qb fecola di patate
qb acqua naturale
80 g di daikon grattugiato

per la finitura

qb cipollotto
qb scorza di yuzu

PER LO YUZU TSUMIRE (POLPETTE DI POLLO ALLO YUZU)
Tagliare il cipollotto a julienne. In una bacinella, amalgamare tutti gli ingredienti e formare delle polpette.

PER IL DASHI DI COTTURA DELLO YUZU TSUMIRE
In una pentola, portare a bollore il dashi.
Unire lo yuzu tsumire, cuocere per 7 minuti, prelevarlo e metterlo da parte.
Filtrare il dashi con un passino.

PER IL MIZORE AN (SALSA ACQUA DI NEVE)
In una pentola, portare a bollore il dashi di cottura dello yuzu tsumire e versare la salsa di soia, il sake e il mirin. Condire con il sale.
Lasciar evaporare l'alcool per qualche minuto.
Addensare il dashi condito con una miscela di fecola di patate sciolta in acqua naturale.
Aggiungere il daikon grattugiato e amalgamare.

PER LA FINITURA
Tagliare il cipollotto a rondelle, mettere in acqua naturale fredda per qualche minuto affinché diventi croccante e scolare.
In un piatto da portata, adagiare lo yuzu tsumire e versare il mizore an.
Completare con il cipollotto croccante e la scorza di yuzu tagliata finemente a julienne.

鴨 煮 KAMONI

Kamo è l'anatra giapponese, *ni* significa "stufare". È un piatto che risale all'epoca in cui cominciò a essere consumata la selvaggina, come oche o anatre selvatiche, spesso cucinate in una pentola *nabe*, stufate insieme alle verdure. Il più famoso allevamento di anatre in Giappone si trova nella prefettura di Osaka.

per il kamoni

1 petto d'anatra
1 cipollotto
100 g di salsa di soia
100 g di sake
100 g di mirin

per la finitura

qb karashi

PER IL KAMONI

In una padella, rosolare il petto d'anatra
dalla parte della pelle fino a doratura.
Voltare il petto e rosolare dalla parte della polpa
per pochi secondi.
Tagliare il cipollotto a tranci di 5 cm e grigliare
da entrambi i lati per qualche minuto.
In una pentola, portare a bollore tutti i condimenti.
Aggiungere il petto d'anatra rosolato e il cipollotto
grigliato, cuocere per 6 minuti.
Spegnere il fuoco, lasciar riposare per 6 minuti.
Togliere il cipollotto e tenere da parte il liquido
di cottura. Tagliare il petto d'anatra a fette di 7 mm.

PER LA FINITURA

In un piatto da portata, adagiare il petto d'anatra
e versare il liquido di cottura.
Completare con una punta di karashi.

BENTO

Bento è il termine giapponese che indica un pasto da asporto, servito in una scatola.

Il bento è essenzialmente di due tipi: quello preparato in casa, fatto a mano, e quello distribuito commercialmente e consumato principalmente in pausa pranzo, in occasione di viaggi o trasferte di lavoro.

Già durante il periodo Heian (794-1185) si usava trasportare con sé riso cotto essiccato e *tonjiki*, l'attuale *onigiri*, una palla di riso di forma tondeggiante. Nel periodo Azuchi Momoyama (1573-1603) era usanza trasportare il cibo in preziose scatole laccate, da consumare all'aperto durante il periodo della fioritura dei ciliegi (*hanami*) o in occasione della cerimonia del tè, abitudine ancora oggi comunemente praticata.

Durante il periodo Edo (1603-1868), con lo sviluppo delle arti del teatro No e Kabuki, si diffuse il *makunouchi bento*, un bento standard da consumare durante l'intervallo dello spettacolo. In questo periodo videro la luce anche molti libri in cui si descrivevano le varie tecniche di preparazione del bento, una sorta di ricettari moderni. Nel periodo Meiji (1868 - 1912), con la creazione delle prime reti ferroviarie, nacque l'*eki bento* o *ekiben* (*eki* significa stazione ferroviaria, *ben* è l'abbreviazione di bento), venduto presso le stazioni dei treni. Gli *ekiben* sono molto popolari anche oggi, si possono trovare presso le stazioni ferroviarie, ma anche nei grandi magazzini o nei negozi di alimentari.

Molto prestigioso lo *shokado bento*. Durante il periodo Edo visse il monaco buddhista Shokado Shojo (1584-1639), uno dei più grandi maestri di calligrafia del tempo e maestro del tè. Per conservare i suoi strumenti, il monaco utilizzava una particolare scatola allungata, rifinita in legno laccato e suddivisa in quattro scompartimenti. Alla morte del monaco la sua casa divenne una casa del tè, tuttora un importante luogo culturale della città di Kyoto. In epoca recente, intorno al 1930, nel periodo Showa

(1926-1989), un altro famoso maestro del tè, Yuki Teiichi, durante una visita alla casa del tè di Shokado, vide l'antica scatola del monaco ed ebbe l'idea di utilizzare nel suo ristorante questo particolare contenitore a scomparti per servire un perfetto pasto *kaiseki*. Nacque lo *shokado bento*, tuttora servito nei celebri ristoranti gestiti dai discendenti del maestro Yuki, in cui la filosofia *kaiseki* si applica alla formula del bento.
I cibi nella scatola, sempre in per-

fetta armonia con le stagioni, si presentano in modo elegante e raffinato e la presenza degli scomparti impedisce che sapori e odori si mescolino tra loro.

Vengono presentati in una scatola simile al bento anche i piatti dell'*osechi ryori*, i cibi tradizionali giapponesi tipici di Capodanno (Oshogatsu). L'origine di questi cibi risale al periodo Nara (710-794) durante le celebrazioni legate alle cinque festività stagionali giapponesi, tuttora onorate, chiamate collettivamente Gosekku:

- *Jinjitsu*, il 7 gennaio, festa delle sette erbe;
- *Hinamatsuri*, il 3 marzo, festa delle bambine, delle bambole e dei fiori di pesco;
- *Kodomo no hi*, il 5 maggio, festa dei bambini, delle carpe volanti e dei fiori d'iris;
- *Tanabata Matsuri*, il 7 luglio, festa delle stelle e dei desideri;
- *Kiku no Sekku*, il 9 settembre, festa del crisantemo, fiore nazionale venerato in Giappone, rappresenta il Sole ed è simbolo di spiritualità e stemma della casa imperiale giapponese.

Primavera in Giappone. In questa stagione si celebra l'*hanami,* tradizionale usanza di godere della bellezza dei ciliegi in fiore.

Dal periodo Edo (1603-1868) a oggi, i cibi dell'*osechi ryori* per festeggiare il Capodanno si impiattano in contenitori laccati chiamati *ojubako*, simili ai piccoli vassoi per il bento. Gli *ojubako* possono essere da tre a cinque, solitamente di colore nero o rosso, vengono riempiti con il cibo e impilati l'uno sull'altro. Comporre gli strati significa accumulare felicità, il migliore augurio per il nuovo anno. Le preparazioni e gli ingredienti sono molteplici, sempre in numero dispari. Nel primo strato è contenuto l'*iwaizakana sanshu*, composto da tre elementi augurali: fagioli neri canditi (*kuromame*, augurio di longevità), uova di aringa sottosale (*kazunoko*, augurio di fertilità) e acciughe stufate (*tadzukuri*, augurio di abbondanza). Nel secondo strato si trovano cibi grigliati (*yakimono*) e nel terzo cibo stufato (*nimono*) e sottaceto (*sunomono*).

Shokado bento.
Nella foto
di pag. 286-287,
osechi ryori.

STREET FOOD

In Giappone è largamente consumato il cibo venduto presso bancarelle e chioschetti chiamati *yatai*, diffusi in tutto il Paese, soprattutto in occasione di eventi, festival, celebrazioni e ricorrenze tipiche.

Il cibo di strada ebbe la sua massima fioritura nel periodo Edo (1603-1868), quando sushi, sashimi, tempura, men, cibi lessati o grigliati potevano essere cotti, serviti e consumati al momento.
Durante il più recente periodo Showa (1926-1989), cominciano a diffondersi street food a influenza occidentale, i cibi vengono cotti su una grande piastra o grigliati su carbone vegetale, come takoyaki, okonomiyaki, hashimaki, yakisoba, teppanyaki, oppure fritti. Gli *yatai* cominciano a esporre una moltitudine di varietà di cibo, dallo zucchero filato fino al ramen.

I *takoyaki* (da *tako* che significa "polpo" e *yaki*, "grigliato") nascono nel periodo Showa (1926-1989) e sono originari della città di Osaka. Per la cottura si utilizza una specifica piastra a sfere concave di circa 3-5 cm in cui si versa una pastella a base di farina di grano e un pezzetto di polpo arrostito. In origine, tutti i condimenti erano già presenti nella pastella, pertanto i takoyaki si consumavano senza accompagnamenti di salse. Dal 1948 cominciarono a essere prodotte salse specifiche per takoyaki a base di salsa di soia. Nella versione moderna, si aggiunge sulla superficie anche la salsa maionese, l'alga aonori, il katsuobushi e, in alcuni casi, il polpo può essere anche sostituito da altri ingredienti. Nel 1955, nel centro di Osaka erano presenti oltre 5000 bancarelle di takoyaki che da lì divennero famosi in tutto il Paese. Tuttora sono considerati il re dello street food giapponese.

Un altro piatto molto popolare e apprezzato è l'*okonomiyaki*, dal termine *okonomi*, che letteralmente significa "cucina ciò che preferisci". Anticamente infatti i clienti, con l'aiuto di una piccola spatola, cucinavano direttamente l'okonomiyaki su una piastra rovente (detta *teppan*) posta al centro del tavolo, aggiungendo al composto a base

Le varianti
di takoyaki
e okonomiyaki
si diversificano
anche per regione
di provenienza, ma
le più famose sono
quelle di Osaka
e Hiroshima.
Qui sotto
la piastra per
takoyaki e, nella
pagina a fronte,
una strada
di Osaka dedicata
allo street food.

di uova e cipollotto vari altri ingredienti a scelta come carne, pesce, verdure o un mix di tutto.

L'okonomiyaki moderno nasce nel periodo Meji (1868-1912). Dal periodo Showa (1926-1989), dopo la Seconda guerra mondiale, il cipollotto fu sostituito dal cavolo e l'okonomiyaki cominciò a essere servito dal cuoco, non più cucinato dal cliente; l'antica usanza resta tuttavia ancora viva in qualche locale tradizionale.

Un antenato dell'okonomiyaki che risale al periodo Azuchi Momoyama (1573-1603) è il *funoyaki*, frittella dolciastra a base di farina e acqua, senza uova, grigliata, pennellata di miso e zucchero e servita arrotolata.

Una versione antica, molto simile all'okonomiyaki, è il *monjayaki*, ancora presente come street food tipico di Tokyo, cotto sulla piastra e dalla consistenza liquida ed elastica. Gli ingredienti principali vengono cotti in precedenza e disposti in cerchio sulla piastra, al cui centro viene versata una pastella contenente dashi e altri condimenti liquidi. Risulta molto più tenero e morbido rispetto all'okonomiyaki classico.

Nel periodo Showa (1926-1989), più precisamente negli anni '40, una versione modificata del *monjayaki* di Tokyo, prende nome di *dondonyaki*. Il nome deriva dal suono del tamburo con cui il venditore richiamava la gente presso la sua bancarella. Il *dondonyaki* viene servito arrotolato intorno a un paio di bacchette, perfettamente adatto a essere consumato in movimento.

たこ焼き TAKOYAKI

Considerato il re dello street food giapponese, è un piatto molto popolare, da gustare in ogni momento della giornata, caratteristico per la sua consistenza croccante e caramellizzata all'esterno e il cuore soffice e fondente all'interno. Il takoyaki è un piatto simbolo della città di Osaka.

per la pastella
100 g di farina
di grano tenero
1,5 uova
300 g di dashi
7,5 g di salsa di soia

per il polpo
100 g di polpo

per il takoyaki
100 g di cipollotti
15 g di tenkasu
25 g di benishoga
qb olio di semi

per la finitura
qb takoyaki sauce
qb salsa maionese
qb katsuobushi
qb alga aonori
qb benishoga

PER LA PASTELLA

In una bacinella, amalgamare tutti gli ingredienti
e lasciar riposare in frigorifero per 30 minuti.

PER IL POLPO

Eliminare l'intestino del polpo, massaggiare con il sale.
Sciacquare ed eliminare la viscosità.
In una pentola, lessare il polpo in acqua bollente
per 10 minuti. Scolare, lasciar raffreddare
a temperatura ambiente e tagliare a pezzi di 1 cm.

PER IL TAKOYAKI

Tagliare i cipollotti a rondelle e il benishoga a pezzetti.
Scaldare una piastra a sfere per takoyaki e ungerla
con l'olio di semi.
Versare la pastella, aggiungere il polpo, i cipollotti,
il tenkasu e il benishoga.
Quando la pastella sul fondo della piastra a sfere
è dorata, voltare il takoyaki con l'aiuto di uno stecco
di bambù e procedere fino a ultimare la cottura.

PER LA FINITURA

In un piatto da portata, disporre i takoyaki
e spennellare la superficie con la takoyaki sauce.
Strisciare la salsa maionese, completare
con il katsuobushi, l'alga aonori e il benishoga.

お好み焼き

OKONOMIYAKI

Piatto molto popolare, re dello street food delle prefetture di Osaka e Hiroshima. È una frittata ricca e condita a base di uova con l'aggiunta di tanta varietà di ingredienti, molto golosa e semplice da eseguire, anche a casa.

per la pastella

100 g di farina
di grano tenero
3 g di baking powder
1 uovo
120 g di dashi

per il composto

150 g di cavolo bianco
20 g di cipollotto
15 g di tenkasu
15 g di benishoga

per l'okonomiyaki

120 g di pancetta
di maiale
2 foglie di shiso
qb olio di semi

per la finitura

qb okonomiyaki sauce
qb salsa maionese
qb katsuobushi
qb alga aonori
qb benishoga

PER LA PASTELLA

In una bacinella, amalgamare tutti gli ingredienti.

PER IL COMPOSTO

Tagliare il cavolo e il cipollotto a rondelle.
In una bacinella, versare la pastella precedentemente preparata e incorporare tutti gli ingredienti.

PER L'OKONOMIYAKI

Scaldare una piastra e ungerla con l'olio di semi.
Versare il composto creando una forma tonda
di circa 12 cm di diametro e 1 cm di spessore.
Aggiungere sulla superficie le foglie di shiso
e la pancetta di maiale tagliata a fettine sottili.
Cuocere per 7-8 minuti fino a dorare la base
dell'okonomiyaki. Voltare l'okonomiyaki
e ultimare la cottura per 5-7 minuti.

PER LA FINITURA

In un piatto da portata, disporre l'okonomiyaki
e spennellare la superficie con l'okonomiyaki sauce.
Strisciare la salsa maionese, completare
con il katsuobushi, l'alga aonori e il benishoga.

WAGASHI (DOLCI GIAPPONESI)

和菓子

Per "wagashi" si intendono i dolci della tradizionale pasticceria giapponese, rigorosamente artigianali, generalmente composti da ingredienti vegetali e caratterizzati dalla quasi totale assenza di grassi, spezie e latticini.

In Giappone, il primo prototipo di "dolce", un impasto a base di frutta secca, potrebbe già risalire al periodo primitivo Jomon, oltre 10.000 anni fa. Nel periodo Asuka (592-710), con i primi scambi commerciali con la Cina arrivarono in Giappone le prime varietà di dolci, anche fritti. Nel periodo Nara (710-794) furono introdotti miele e zucchero e al periodo Heian (794-1185) risale la lavorazione del *mochi* dolce.

Fu nel periodo Kamakura (1185-1333) che i dolci cominciarono ad avere una maggiore diffusione nell'ambito della cerimonia del tè (*cha no yu*), probabilmente l'espressione più autentica dell'estetica zen giapponese. Successivamente i nuovi scambi culturali e commerciali con l'Occidente intensificarono la produzione di dolci a base di zucchero e farina e la pasticceria diventò un'arte praticata e molto amata. I dolci furono sempre più accessibili, non più un bene esclusivo di un'élite.

In epoca più moderna furono introdotti anche ingredienti come cioccolato, caffè, latte, panna e dolci in stile europeo come mousse, bavaresi, pan di spagna.

I dolci in stile occidentale vengono definiti *yogashi*.

I dolci giapponesi possono essere classificati secondo vari criteri, ad esempio in base al tipo di cottura (a vapore, al forno o fritti), al metodo di produzione oppure al contenuto di umidità, fattori che influiscono sulla durata di conservazione. Si chiamano *namagashi* i dolci freschi, con un contenuto elevato di umidità, da consumare in tempi molto brevi; *hannamagashi*, i dolci semisecchi, con un contenuto molto basso di umidità, e infine *higashi*, i dolci secchi, composti essenzialmente di farina (di grano, di riso, di azuki) o di fecola e zucchero.

Lo zucchero più pregiato utilizzato per la preparazione dei wagashi si chiama *wasanbon*, dalla grana molto fine e dal gusto caramellato, prodotto artigianalmente con una lunga lavorazione nell'isola Shikoku, in cui si coltiva una sottile canna da zucchero locale chiamata *taketo*.

I dolci offerti per celebrare una ricorrenza, un particolare evento dell'anno o durante la cerimonia del tè si chiamano *jonamagashi*;

solitamente vengono creati artigianalmente con ingredienti accuratamente selezionati ed eseguiti con forme sofisticate, hanno un gusto e una consistenza leggera e delicata e un aspetto raffinato, estremamente sobrio e accurato.

I wagashi riflettono, nelle loro fattezze e nei loro sapori delicati, la bellezza della natura giapponese e la sua essenza. Spesso sono rappresentati a forma di fiori o foglie, ne richiamano forme e colori, nel rispetto costante del flusso delle stagioni.

Infine, esistono dolci da consumare in occasioni informali o nel quotidiano, i popolari *dagashi*, snack veloci ed economici, dalla confezione colorata e divertente, acquistabili in tutti i negozi o nei numerosissimi rivenditori automatici molto comuni in Giappone.

L'arte della pasticceria è un'area molto ampia e affascinante da esplorare, che merita un approfondimento. In queste pagine vengono presentati due particolari dolci, uno più antico e tradizionale e uno molto popolare e più moderno.

Preparazione del tè matcha. Nella pagina a fronte, wagashi tradizionali.

ANMITSU

あ
ん
み
つ

L'anmitsu è un'evoluzione del *mitsumame*, un tradizionale dolce giapponese del periodo Edo (1603-1868) a base di sciroppo di zucchero di canna, *kanten* (gelatificante derivato dalle alghe rosse, comunemente conosciuto come agar agar), *shiratama dango* (palline a base di farina di riso mochigome) e frutta di stagione. Dal 1930 nelle pasticcerie di Tokyo nasce l'anmitsu, in cui al tradizionale *mitsumame* si aggiunge l'*an*, una confettura a base di fagioli azuki.

per lo tsubuan
150 g di fagioli azuki
120 g di zucchero semolato
2,5 g di salsa di soia
qb sale

per lo shiratama dango
40 g di shiratamako
40 g di acqua naturale

per il matcha kanten
32,5 g di zucchero semolato
2 g di kanten
200 g di acqua naturale
2,5 g di tè matcha in polvere
7,5 g di acqua bollente

per il matcha mitsu
100 g di zucchero semolato
100 g di acqua naturale
8 g di tè matcha in polvere
25 g di acqua bollente

PER LO TSUBUAN (CONFETTURA DI FAGIOLI AZUKI)
Ammollare i fagioli azuki in acqua naturale
per 8 ore e scolare.
In una pentola, unire i fagioli azuki ammollati
e ricoprire con dell'acqua naturale.
Portare a bollore, cuocere per 3-4 ore e scolare.
Nella stessa pentola, riversare i fagioli azuki cotti
e aggiungere i condimenti.
Cuocere per 15 minuti fino a ottenere
la consistenza desiderata.
Lasciar raffreddare a temperatura ambiente.

PER LO SHIRATAMA DANGO (PALLINA DI MOCHIGOME)
In una bacinella, amalgamare e impastare
lo shiratamako e l'acqua naturale.
Dividere in 8 palline, lessare in acqua bollente
per 3 minuti e scolare.
Lasciar raffreddare in acqua fredda e scolare.

PER IL MATCHA KANTEN (GELATINA AL TÈ MATCHA)
In una pentola, portare a bollore lo zucchero semolato,
il kanten e l'acqua naturale.
Unire il tè matcha in polvere sciolto precedentemente
in acqua bollente e amalgamare.
Filtrare con un passino.
In un contenitore rettangolare, versare e stendere
uno strato di composto di 2 cm di spessore.
Lasciar raffreddare in frigorifero per alcune ore.
Togliere dal contenitore e tagliare a cubetti di 2 cm.

PER IL MATCHA MITSU (SCIROPPO AL TÈ MATCHA)
In una pentola, portare a bollore l'acqua naturale
con lo zucchero semolato.
Unire il tè matcha in polvere sciolto precedentemente
in acqua bollente e amalgamare.
Filtrare con un passino e lasciar raffreddare
a temperatura ambiente.

PER LA FINITURA
In un piatto da portata, adagiare lo tsubuan,
lo shiratama dango e il matcha kanten.
Versare il matcha mitsu.

どら焼き DORAYAKI

Popolare dolcetto composto da due frittelle ripiene di *an*, una confettura a base di fagioli azuki. Questo dolce ha avuto un tale successo da diventare la merenda preferita di un celebre personaggio dei manga e anime giapponesi, il gatto spaziale Doraemon, nato nel 1969 dalla penna di Fujiko Fujio. Più di recente, nel 2015, i dorayaki sono protagonisti nel commovente film *Le ricette della signora Toku* di Naomi Kawase, tratto dal libro *An* di Durian Sukegawa.

per lo tsubuan

150 g di fagioli azuki
120 g di zucchero semolato
2,5 g di salsa di soia
qb sale

per l'impasto

100 g di farina
di grano tenero
3 g di baking powder
100 g di uova
80 g di zucchero semolato
5 g di miele
5 g di mirin
50 g di latte intero
qb olio di semi

PER LO TSUBUAN (CONFETTURA DI FAGIOLI AZUKI)
Ammollare i fagioli azuki in acqua naturale
per 8 ore e scolare. In una pentola, unire i fagioli azuki
ammollati, ricoprire con dell'acqua naturale.
Portare a bollore, cuocere per 3-4 ore e scolare.
Nella stessa pentola, riversare i fagioli azuki cotti
e aggiungere i condimenti. Cuocere per 15 minuti
fino a ottenere la consistenza desiderata.
Lasciar raffreddare a temperatura ambiente.

PER L'IMPASTO
In una bacinella, montare le uova con lo zucchero
semolato fino a ottenere una consistenza omogenea.
Aggiungere al composto il miele, il mirin e il latte.
Setacciare insieme la farina di grano tenero e la baking
powder, unire al composto. Lasciar riposare per 20 minuti.
Scaldare una piastra e ungerla con l'olio di semi.
Versare il composto, coprire con un coperchio, cuocere
fino a quando non compaiono bollicine sulla superficie.
Togliere il coperchio, capovolgere la frittella
e terminare la cottura.
Rivestire le frittelle ottenute con della pellicola
trasparente da cucina per mantenere la tenerezza.
Lasciar raffreddare a temperatura ambiente.
Comporre il dorayaki spalmando lo tsubuan
tra due frittelle e pressando leggermente i bordi.

PER LA FINITURA
In un piatto da portata, servire i dorayaki.

Glossario

A

Abura age: tofu fritto.

Agemono: categoria del cibo fritto.

Ajitsuke kikurage: funghi croccanti stufati, tipico accompagnamento per ramen.

Aka miso: miso rosso.

Aomono: verdure verdi o alghe, fresche, scottate, marinate o lessate, tipico accompagnamento per ramen.

Aonori: tipo di alga giapponese impiegata in molte preparazioni di cucina.

Aozansho: bacca acerba di sansho.

Arai zukuri: tecnica di immersione del pesce in acqua fredda salata per sgrassare e rendere la consistenza croccante.

Ashirai: insieme degli accompagnamenti della cucina giapponese.

Azuki: (*Vigna angularis*) fagioli rossi della famiglia delle Fabaceae (o Leguminose), molto diffusi e consumati in Asia. Esistono anche di colore giallo o bruno.

B

Baking powder: agente lievitante in polvere.

Benishoga: zenzero invecchiato che viene marinato con umezu (aceto di *ume*, prugne giapponesi).

Bento: termine giapponese che indica un pasto da asporto, servito in una scatola.

Buri (*Seriola quinqueradiata*): pesce giapponese appartenente alla famiglia delle Carangidae.

C

Cha no yu: cerimonia del tè.

Chakaiseki ryori: pasto che anticipa la cerimonia del tè.

Chashu: brasato di maiale, tipico accompagnamento per ramen.

Chikuwa: polpetta di pesce grigliata di forma cilindrica.

D

Daikon: varietà di grossa rapa bianca di origine asiatica.

Daikyo ryori: banchetti sontuosi del periodo Heian (794-1185).

Dashi: brodo tradizionale giapponese.

Donburi: termine giapponese che significa "scodella", si usa per indicare il particolare modo di servire il riso bianco in una grande ciotola, preparato in numerose varianti.

E

Edamame: fagioli verdi di soia acerbi, lessati con tutto il baccello, da gustare freddi o tiepidi.

Edo: antico nome dell'attuale città di Tokyo.

Enoki: tipo di fungo giapponese.

Eringi (*Pleurotus eryngii*): fungo cardoncello.

G

Ganmodoki: polpette fritte di tofu e verdure.

Gari: zenzero novello marinato.

Gobo (o bardana maggiore): pianta erbacea della famiglia delle Asteraceae, la cui radice viene utilizzata come verdura ed erba medicinale.

Goboten: polpetta di pesce farcita di gobo.

Gohan o meshi: riso giapponese cotto.

Goma: semi di sesamo.

H

Hajikami shoga: zenzero lungo marinato.

Hanami: tradizionale usanza di godere della bellezza dei ciliegi in fiore a primavera.

Hanazansho: fiori di sansho.

Hangiri: contenitore per mescolare e condire il riso per sushi.

Hannamakaeshi: un tipo di kaeshi.

Hashi: bacchette giapponesi.

Hassun: portate miste di stagione, presentate all'interno di un pasto *kaiseki*. Anticamente era il piccolo pasto servito prima della cerimonia del tè.

Hocho: coltello da cucina in giapponese.

Honkaeshi: un tipo di kaeshi.

Honzen ryori: banchetti cerimoniali del periodo medioevale Muromachi, introdotti dalla classe guerriera dei samurai.

Hoso maki: tipo di sushi arrotolato in forma cilindrica o conica, formata con l'aiuto di un tappeto di bambù detto *makisu*.

I

Ichiju sansai: formula di base della cucina giapponese composta letteralmente da una zuppa e tre piatti principali serviti tutti insieme, in un unico vassoio.

Ichimi togarashi: peperoncino rosso in polvere giapponese.

Ikura: uova di salmone.

Ise ebi: aragosta giapponese.

Izakaya: locali informali e popolari dove si può gustare cibo semplice e gustoso in accompagnamento a bevande alcoliche.

K

Kabosu (*Citrus x sphaerocarpa*): agrume giapponese.

Kaeshi: condimento tipico per soba e udon, miscela a base di salsa di soia e altri ingredienti principali come zucchero e mirin.

Kaiseki ryori: pasto tradizionale con molte portate di stagione, disposte secondo un ordine prestabilito, in piena armonia con il concetto di estetica e di ospitalità giapponese.

Kaiso: l'insieme delle alghe.

Kamaboko: composto a base di pesce, lavorato in panetti cotti a vapore.

Kanegushi: spiedini d'acciaio per cottura sulla brace.

Kanpyo (*Lagenaria siceraria hispida*): strisce essiccate ricavate da un vegetale della famiglia delle Cucurbitacee, simile alla zucca.

Kansui: acqua alcalina naturale.

Kansui in polvere: soluzione alcalina composta da carbonato di sodio e carbonato di potassio, utilizzata durante il processo di produzione della pasta ramen.

Kanten (o agar agar): gelatificante giapponese che viene ricavato da alghe rosse.

Karashi: senape giapponese.

Katana: spada tradizionale giapponese, anticamente usata dai guerrieri samurai.

Katsuobushi: alimento conservato a base di carne di tonnetto striato (*Katsuwonus pelamis*).

Ken: verdure tagliate finissime con un'apposita tecnica e rese croccanti in acqua fredda.

Kikka: crisantemo, fiore nazionale venerato in Giappone, simbolo di spiritualità e stemma della casa imperiale giapponese.

Kikurage: tipo di fungo giapponese.

Kinome: foglie di sansho.

Kinugoshi dofu: tofu soffice.

Kinusaya: taccole giapponesi.

Kisu (*Sillago japonica*): pesce giapponese appartenente alla famiglia delle Sillaginidae.

Kobujime: tecnica di marinatura del pesce con alga kombu. Il pesce avvolto nell'alga kombu rilascia i liquidi in eccesso e assorbe la sapidità e la mineralità dell'alga.

Koikuchi: salsa di soia scura.

Koji (*Aspergillus oryzae*): microrganismo i cui enzimi trasformano l'amido e le proteine in zuccheri e aminoacidi; è alla base della fermentazione della salsa di soia, del miso e del sake.

Komaita: regolatore di legno per uniformare il taglio della pasta giapponese.

Kombu: tipo di alga giapponese impiegata in molte preparazioni di cucina.

Kome: riso giapponese crudo.

Komezu: aceto di riso giapponese.

Konebachi: bacinella laccata per la lavorazione della pasta giapponese.

Konjac: tubero asiatico dalla cui radice grattugiata ed essiccata si ricava una farina gelatinosa ed elastica.

Koshinryo: l'insieme delle spezie.

Kuro gomashio: semi di sesamo nero tostati e salati.

Kuzu (*Pueraria lobata*): pianta della famiglia delle Fabaceae (o Leguminose), dalla cui radice si ottiene un amido utilizzato in cucina come addensante.

M

Makisu: tappeto di bambù.

Matcha: tè verde pregiato ottenuto dalla selezione delle foglie del tencha, tè verde giapponese di alta qualità. Le foglie vengono cotte al vapore, essiccate e ridotte in polvere finissima.

Membo: mattarello per la lavorazione della pasta giapponese.

Men: pasta giapponese ottenuta mescolando farina e acqua, da cui si ottengono dei fili allungati di vario spessore.

Menma: bambù fermentato, essiccato e stufato, tipico accompagnamento per ramen.

Meshi o gohan: riso giapponese cotto.

Mirin: vino di riso dolce ottenuto dal processo di fermentazione di un composto a base di mochigome, koji e alcool.

Miso: condimento che viene ottenuto dal processo di fermentazione di un composto a base di fagioli di soia e koji a cui si aggiunge il sale.

Mitsuba: erba aromatica giapponese simile al prezzemolo.

Mochi: mochigome battuto utilizzato in preparazioni dolci o salate.

Mochigome: riso definito impropriamente "glutinoso", pur essendone privo, per via della consistenza particolarmente gommosa ed elastica dovuta all'alto contenuto di amido.

Momen dofu: tofu solido.

Momiji oroshi: daikon grattugiato piccante. Il peperoncino conferisce al daikon un colore rossastro simile alle foglie di acero in autunno.

Momiji: foglia di acero.

Mosochiku (*Phyllostachys edulis*): tipo di bambù appartenente alla famiglia delle Poaceae, coltivato per i suoi germogli commestibili, come bambù da legno e per l'utilizzo nell'industria edilizia e tessile.

Moyashi: germogli di fagioli di soia, di fagioli verdi e neri. Il consumo maggiore in Giappone è moyashi di fagioli verdi.

Mushimono: categoria del cibo che viene cotto al vapore.

Myoga (*Zingiber myoga*): varietà di zenzero giapponese.

N

Nabemono: categoria del cibo cotto in un'unica pentola (*nabe*) e condiviso tra i commensali.

Namakaeshi: un tipo di kaeshi.

Nanohana: vegetale della famiglia delle Brassicaceae, simile alla cima di rapa.

Narutomaki: detto naruto, tipo di kamaboko caratterizzato da un motivo interno a vortice o spirale, che ricorda i tipici vortici marini che si manifestano nello stretto di Naruto, tra l'isola di Awaji e Shikoku in Giappone.

Nimono: categoria del cibo stufato lentamente in brodo e condito con vari altri ingredienti.

Nitamago: uovo sodo marinato dal cuore tenero. È un tipico accompagnamento per ramen.

Nori: tipo di alga giapponese impiegata in molte preparazioni di cucina.

Noshiita: tagliere di legno per la lavorazione della pasta giapponese.

O

Ohitsu: contenitore per mantenere la temperatura del riso.

Okonomiyaki sauce: salsa specifica per okonomiyaki, si può preparare a casa, ma è più comunemente utilizzata quella distribuita in commercio.

Okura (ocra o gombo): verdura di origine africana, dalla forma sottile lunga, da consumare preferibilmente previa lessatura per eliminare la componente viscosa.

Omotenashi: principio giapponese fondato dell'ospitalità e dell'accoglienza disinteressata ed autentica riservata agli ospiti.

Onsen: fonti termali giapponesi.

Osechi ryori: cucina tradizionale proposta in occasione del Capodanno (Oshogatsu).

Oshigata (o *oshibako*): tradizionale stampo per sushi pressato (*oshi zushi*).

Oshogatsu: Capodanno giapponese.

P

Panko: pane grattugiato giapponese in fiocchi, preparato utilizzando pancarré.

Ponzu: salsa tradizionale giapponese a base di salsa di soia e succo di agrumi.

R

Ramen: pasta a base di farina di grano e kansui.

Renkon: radice di loto.

Ryokan: locande tradizionali giapponesi.

Ryori: termine giapponese che letteralmente significa "cucina", ma che può assumere significato più ampio.

S

Saibashi: bacchette di dimensioni molto lunghe, circa 30 cm, utilizzate per cucinare.

Saijikomi (o *saishikomi*): salsa di soia intensa che si ottiene con una doppia fermentazione.

Saikyo miso: miso bianco.

Saikyo: antico nome della città di Kyoto.

Sake: vino di riso, bevanda alcolica tradizionale giapponese.

Sakura: albero e fiore del ciliegio, fiore nazionale venerato in Giappone, simbolo di rinascita, bellezza e purezza.

Sakura ebi: gamberetti secchi dal caratteristico colore rosato che ricorda quello dei sakura, i fiori di ciliegio.

Samekawa oroshi: tradizionale grattugia ricoperta di pelle di squalo, utilizzata per grattugiare la radice di wasabi.

Sansai mizuni: mix di verdure di montagna precotte.

Sansho: pepe selvatico giapponese.

Sarashi: tessuto di cotone che viene utilizzato in cucina.

Sasage: fagioli rossi giapponesi.

Sashimi: alimenti crudi lavorati secondo tradizionali e specifiche tecniche di taglio.

Satoimo (o *taro*): patata giapponese.

Saya: fodero di legno per coltello.

Shamoji: paletta di legno per lavorare il riso.

Shichimi togarashi: miscela di sette spezie giapponesi.

Shichirin: tipico fornello o braciere a carbone vegetale per grigliare gli alimenti.

Shiitake: specie di fungo giapponese, dal cappello tondo color marrone scuro striato di venature più chiare.

Shimeji: tipo di fungo giapponese.

Shio: sale.

Shiraita kombu: sottile sfoglia ottenuta dal cuore di alga kombu, che viene prima marinata con aceto di riso e poi essiccata.

Shirataki: tipo di pasta giapponese fatta con radice di konjac.

Shiratamako: farina di mochigome.

Shiro miso: miso bianco.

Shiso: erba aromatica giapponese dalla caratteristica foglia dentellata e appuntita e dal gusto agrumato.

Shochu: distillato giapponese derivato da orzo, patate dolci o riso.

Shoga (*Zingiber officinale*): comunemente conosciuto in Occidente come zenzero o ginger, è una pianta della famiglia delle Zingiberaceae dalle molteplici proprietà benefiche.

Shojin ryori: lo stile di vita e di alimentazione a base vegetale, praticata dai monaci presso i templi buddhisti.

Shoyu: salsa di soia. Condimento ottenuto dal processo di fermentazione di un composto a base di fagioli di soia, grano e koji, a cui si aggiunge acqua e sale.

Soba: pasta giapponese a base di farina di grano saraceno.

Sudachi (*Citrus sudachi*): varietà di agrume giapponese.

Sumeshi: riso condito per sushi.

Sushi hake: pennello per sushi.

Sushi: piatto tradizionale giapponese a base di riso acidulato e altri ingredienti, principalmente pesce.

Sushizu: condimento del riso per sushi.

T

Takenoko: germogli di bambù.

Takoyaki sauce: salsa specifica per takoyaki, si può preparare a casa, ma è più comunemente utilizzata quella distribuita in commercio.

Takuan: daikon marinato fermentato.

Tamago: uovo.

Tamari: salsa di soia antica. I fagioli di soia sono l'ingrediente principale, il grano non si usa affatto o in minima quantità.

Taro (o *satoimo*): patata giapponese.

Tempura: tecnica di frittura giapponese.

Tenkasu: granella residua ottenuta dalla pastella della tempura.

Tentsuyu: salsa di accompagnamento della tempura.

Tofu: combinazione di latte di soia e coagulanti di alta qualità, ottenuto dalla trasformazione dei fagioli di soia.

Tonkatsu sauce: salsa specifica per tonkatsu, si può preparare a casa, ma è più comunemente utilizzata quella distribuita in commercio.

Torizakana: stuzzichino di benvenuto stagionale da gustare in un boccone come simbolo beneaugurale.

Tsubuan: confettura di fagioli azuki.

Tsuke joyu: categoria di salse di accompagnamento al pesce crudo.

Tsume: la riduzione del liquido di cottura degli alimenti.

U

Uchiwa: ventaglio che viene utilizzato nella lavorazione del riso per sushi.

Udon: pasta giapponese a base di farina di grano tenero.

Umami: classificato come quinto gusto, il sapido, da aggiungersi ai quattro gusti primari ufficialmente riconosciuti (dolce, acido, salato e amaro).

Ume: comunemente chiamate prugne giapponesi, sono il frutto del *Prunus mume*, piccolo albero da frutto della famiglia delle Rosaceae, dalla forma intermedia tra un pruno e un albicocco.

Umeboshi: tra i principali ingredienti della cucina giapponese, si ottiene attraverso un processo di maturazione, salatura ed essiccatura delle *ume*. Il tipico colore rosso intenso è conferito dalle foglie di shiso rosso aggiunte durante la fase di conservazione.

Unagi: anguilla.

Unagi saki: coltello specifico per il taglio dell'anguilla.

Uni: riccio di mare giapponese.

Usukuchi: salsa di soia chiara.

W

Wabi cha: filosofia legata alla cerimonia del tè.

Wagyu: manzo giapponese.

Wakame: tipo di alga giapponese impiegata in molte preparazioni di cucina.

Wasabi: pianta commestibile nativa del Giappone dal caratteristico sapore forte e piccante.

Washoku: indica il cibo e la cultura dell'alimentazione giapponese, compresi gli aspetti sociali e spirituali legati allo stile e all'etichetta.

Y

Yakimono: categoria del cibo che viene cotto alla griglia.

Yakuzen ryori: la cucina salutare applicata a preservare e conservare una buona salute.

Yamaimo: patata lunga selvatica giapponese.

Yasai: l'insieme delle verdure.

Yukihira: pentola tradizionale giapponese.

Yusoku ryori: la cucina preparata in occasione di cerimonie e banchetti.

Yuzu (*Citrus junos*): agrume giapponese.

Yuzukosho: pasta a base di peperoncino togarashi verde, buccia di yuzu e sale, lasciata fermentare, usata come condimento.

Yuzushio: sale aromatizzato allo yuzu.

Z

Zaru: tipico cestino di bambù utilizzato per scolare la pasta giapponese.

Indice delle ricette

SUSHI 38

Sushizu e sumeshi 45

Tsuke joyu

    sashimi joyu e tosa joyu 49

Ricette tradizionali

Nigiri zushi 50

Hoso maki 52

Gunkan maki 54

Chirashi zushi 56

Inro zushi 58

Altre varietà tradizionali

Gomoku zushi 60

Futo maki 62

Inari zushi 64

Oshi zushi 66

Saba zushi 68

Temaki zushi 70

Temari zushi 72

Ura maki 74

SASHIMI (CRUDO) 76

Hira zukuri 80

Usu zukuri 82

Hana zukuri 84

Naruto zukuri 86

Kawashimo zukuri 88

Arai zukuri 90

Shime saba 92

Yakishimo zukuri 94

Tataki 96

DASHI (BRODO) 98

Dashi 100

Osuimono 102

Miso shiro 104

Ushio jiru 106

Zoni 108

MUSHIMONO (VAPORE) 110

Chawan mushi 114

Dobin mushi 116

Kabura mushi 118

Ebi shinjo 120

NABEMONO (LESSO) 122

Shabu shabu 124

Yose nabe 126

Oden 128

Sukiyaki 130

YASAI TO TOFU (VERDURE E TOFU) 132

Edamame e yakko dofu 138

Namasu 140

Sunomono 142

Ohitashi 144

Agebitashi 146

Dengaku 148

Age dashi dofu 150

TAMAGO (UOVA) 152

Tamago yaki 154

Datemaki 156

KOME (RISO GIAPPONESE) 160

Meshi o gohan

Gomoku takikomi gohan 164

Tai meshi 166

Sekihan 168

Maze gohan 170

Zosui 172

Donburi

Oyakodon 176

Katsudon 178

Gyudon 180

Tendon	182
Unadon	184

MEN (PASTA GIAPPONESE) 186
Kaeshi
    honkaeshi, namakaeshi,
    hannamakaeshi 191

Soba
Impasto per soba
    nihachi soba e juwari soba 195
Zaru soba 196
Tempura soba 198

Udon
Impasto per udon 201
Zaru udon 202
Kitsune udon 204

RAMEN 206
Impasto per ramen 209
Principali accompagnamenti del ramen
    Chashu 210
    Nitamago 212
    Aomono 212
    Menma 213
    Ajitsuke kikurage 213
Shoyu ramen 214
Shio ramen 216
Tonkotsu ramen 218
Miso ramen 220

AGEMONO (FRITTO) 222
Tempura 226
Kaki age 228
Isobe age 230
Tatsuta age 232
Kara age 234

Nanban zuke 236
Kushi katsu 238

YAKIMONO (GRIGLIATO) 240
Yuan yaki 246
Saikyo yaki 248
Yawata maki 250
Teriyaki 252
Matsukasa yaki 254
Ise ebi uni yaki 256
Yakitori 258

WAGYU (MANZO GIAPPONESE) 260
Teppan yaki 264
Yakinuku 266

NIMONO (STUFATO) 268
Nizakana 272
Buri daikon 274
Kakuni 276
Tebasakini 278
Chikuzenni 280
Mizoreni 282
Kamoni 284

STREET FOOD 290
Takoyaki 294
Okonomiyaki 296

WAGASHI (DOLCI GIAPPONESI) 298
Anmitsu 302
Dorayaki 304

Lo chef

Hirohiko Shoda, detto Hiro, nasce a Nara, in Giappone, il 5 febbraio 1977.

Studia la cucina italiana fin da adolescente; dopo gli studi presso lo Tsuji Culinary Institute, dove si specializza in cucina italiana, europea e internazionale, dai 19 ai 29 anni lavora in Giappone nell'alta ristorazione di cucina italiana come capo chef di numerosi locali, per poi trasferirsi nel 2006 in Italia dove collabora per 8 anni con lo chef Massimiliano Alajmo de Le Calandre di Padova, ristorante tre stelle Michelin.

Nel marzo 2019 riceve il titolo ufficiale di Ambasciatore della Cucina Giapponese in Italia da parte del MAFF Japan (Ministero dell'Agricoltura, delle Foreste e della Pesca del Giappone), conferito presso l'Ambasciata del Giappone a Roma.

Lo chef è autore e promotore del progetto *Master Japan*, corso professionale teorico e pratico finalizzato a fornire una completa ed esaustiva panoramica di base sulla cucina giapponese, con approfondimenti analitici sugli aspetti etico-culturali dei piatti e degli ingredienti tipici del Giappone. Questo libro sulla cucina giapponese nasce dall'esigenza di trasmettere nozioni corrette e ricette autentiche che possano essere un riferimento per un pubblico ampio e trasversale, dai professionisti che intendono perfezionare tecniche e competenze ai semplicemente appassionati che abbiano il desiderio di approfondire la vera e tradizionale arte culinaria giapponese.

Dal 2014 a oggi, Hiro è riconosciuto come personaggio televisivo, tutor gastronomico e docente in diverse accademie di cucina professionali.
È autore, conduttore e protagonista di *Ciao, sono Hiro*, programma in onda su SKY, Gambero Rosso Channel, e di *Hiro in Japan*, reportage registrato in Giappone, in collaborazione con FUJI TV, Ministero degli Interni del Giappone e JNTO (Ente Nazionale del Turismo Giapponese). Nelle edizioni 2015, 2016, 2017 e 2018 è stato maestro di cucina a *La Prova del Cuoco*, il celebre contenitore gastronomico in onda su Rai Uno. Nell'edizione 2015 di *GEO* su RaiTre è stato chef protagonista dello spazio dedicato ai Presidi Slow Food.

Nel 2015 ha pubblicato il coloratissimo libro di ricette tratto dal programma *Ciao, sono Hiro*, edito da Gambero Rosso.

Ringraziamenti

Voglio ringraziare di cuore le poche e preziose persone che hanno creduto in me
e sostenuto il mio progetto, rendendolo speciale.

Mia moglie Letizia, senza di lei questo libro non avrebbe avuto vita e significato.

Per la fornitura dei prodotti giapponesi:
Mr. Yohei Shimizu, JFC ITALIA S.R.L.

Per i coltelli giapponesi:
Mr. Toshikazu Aoki, Sakai Takayuki

Per il wagyu:
Mr. Hiroyuki Kodera, Japan Mania Co., Ltd.

Per la stima e il supporto:
L'Ambasciata del Giappone in Italia, nelle persone di sua Eccellenza Ambasciatore
Keiichi Katakami, del Ministro Akihiko Uchikawa e collaboratori tutti.

Mr. Hideki Tomioka, JNTO (Japan National Tourism Organization).

Mrs. Akiko Muto.